M6909

Benno Elbs

Werft eure Zuversicht nicht weg

Benno Elbs

Werft eure **Zuversicht** nicht weg

Tyrolia-Verlag · Innsbruck-Wien

Nachhaltige Produktion ist uns ein Anliegen; wir möchten die Belastung unserer Mitwelt so gering wie möglich halten. Über unsere Druckereien garantieren wir ein hohes Maß an Umweltverträglichkeit: Wir lassen ausschließlich auf FSC®-Papieren aus verantwortungsvollen Quellen drucken, verwenden Farben auf Pflanzenölbasis und Klebestoffe ohne Lösungsmittel. Wir produzieren in Österreich und im nahen europäischen Ausland, auf Produktionen in Fernost verzichten wir ganz.

Mitglied der Verlagsgruppe „engagement"

2. Auflage 2021
© 2020 Verlagsanstalt Tyrolia, Innsbruck
Redaktion: Reinhard Maier
Fotos: www.instagram.com/bischofbenno | Alle Fotos von Benno Elbs, ausgenommen S. 123: Katholische Kirche Vorarlberg/Patricia Begle, S. 192: Foto Benno Elbs: www.mathis.studio
Umschlaggestaltung: stadthaus 38, Innsbruck
Layout und digitale Gestaltung: Tyrolia-Verlag
Lithografie: Artilitho, Lavis (I)
Druck und Bindung: FINIDR, Tschechien
ISBN 978-3-7022-3887-2 (*gedrucktes Buch*)
ISBN 978-3-7022-3888-9 (*E-Book*)

Inhalt

Die große Erschütterung

Werft also eure Zuversicht nicht weg –
sie hat großen Lohn!
Was ihr braucht, ist Ausdauer,
damit ihr den Willen Gottes erfüllt
und die Verheißung erlangt.
Hebräer 10,35–36

Wie ein emsiger, quirliger Ameisenhaufen schien diese Welt eben noch. Alles ist pausenlos in Bewegung. Groß und Klein, Jung und Alt gehen eifrig ihren Aufgaben nach – in Schulen und Kindergärten, Betrieben und Geschäften, bei der Hausarbeit und beim Einkaufen, Reisen, Unterhaltung und Vergnügen, Erholung und Sport …

Und dann. Auf einen Schlag ist alles ganz anders. Ein winzig kleines Virus, ein zehntausendstel Millimeter groß, versetzt die Welt in den Ausnahmezustand. Rigorose Ausgangsbeschränkungen werden verordnet. Schulen und Universitäten, Gaststätten und Beherbergungsbetriebe, Museen und Theater müssen schließen. Menschenansammlungen werden verboten, Sportveranstaltungen, Konzerte und sogar Gottesdienste abgesagt. Das System wird heruntergefahren. Abstandhalten ist nun Pflicht. Betrieben wird Homeoffice nahegelegt, andere müssen ihre Tätigkeit reduzieren oder gänzlich stoppen. Eingespielte Abläufe und Beziehungen geraten ins Stocken oder kommen zum Stillstand. Es ist fast, als ob die Gesellschaft, ja die ganze Welt mit einem Schlag in ein künstliches Koma versetzt wird.

Das darf doch nicht wahr sein! SARS oder Ebola waren weit weg und sind irgendwann aus der Wahrnehmung entschwunden. Epidemien können vielleicht in Afrika oder in Asien aufkommen, aber doch nicht bei uns in Europa! Mit unserem Standard an Wissenschaft, Forschung, Medizin und Technik wissen wir uns gegen solche Bedrohungen zu schützen. Wir haben doch alles unter Kontrolle und im Griff. Oder doch nicht so ganz? So vieles in unserer Welt erschreckt und verunsichert uns: Terroranschläge, Flüchtlingsströme, Gewalt und Kriege, Katastrophen und Unwetter, Umweltzerstörung und Epidemien, Hunger und Armut, die ungleiche Verteilung der Güter.

Unsicherheit und Angst kommen auf. Panikkäufe setzen ein. Weltuntergangsstimmung macht sich bei manchen breit. Börsenkurse gehen auf Talfahrt. Die Wirtschaft kommt ins Trudeln. Hunderttausende Menschen in Österreich, weltweit viele Millionen, stehen von heute auf morgen ohne Job da, Selbstständige ohne Einkommensmöglichkeit und solider Absicherung blicken bang in ihre Zukunft. Andere wiederum nehmen es ganz locker und feiern erst recht Partys.

Gleichzeitig werden aber auch manche positiven Seiten der Krise sichtbar. Die verordnete Entschleunigung schenkt auch Ruhe. Trotz physischer Distanz wird ein persönliches Nahesein spürbar. Manche Werte werden neu entdeckt. Wichtiges wird nebensächlich, bisher Unwichtiges birgt neue Qualitäten. Die gepeinigte Umwelt kann aufatmen. Sogar leidige Verkehrsstaus sind plötzlich Vergangenheit. Spontane Solidarität und Hilfsbereitschaft entstehen. Vergessene „Heldinnen und Helden des Alltags" werden wahrgenommen und einmal medial gewürdigt. Hoffnung und Freude werden geteilt. Dankbarkeit lebt auf.

Werft eure Zuversicht nicht weg

Im Brief an die Hebräer erinnert Paulus diese an Leiden, Beschimpfungen und Bedrängnisse früherer Tage, die sie dadurch ertragen konnten, *„da ihr wusstet, dass ihr einen besseren und bleibenden Besitz habt"* (Hebr 10,34). Und er bestärkt sie – und damit auch uns – in dieser Widerstandskraft der Hoffnung: *„Werft also eure Zuversicht nicht weg"* (Hebr 10, 35). Gerade wenn ich niedergeschlagen bin, wenn ich nach einer Enttäuschung aufgeben und alles hinschmeißen möchte, dann klingt dieses Bibelwort in meinen Ohren wie ein trostvoller und Mut machender Aufruf: „Wirf deine Flinte nicht ins Korn!" oder „Jetzt bloß nicht das Handtuch werfen!" Denn das ist die Erfahrung vieler Menschen in einer Durststrecke: Wenn ich versuche, einfach Schritt für Schritt weiterzugehen, kommt irgendwann wieder der Punkt, an dem ich ein Licht sehe.

Was nährt unsere Hoffnung?

Für mich, so wie für viele Christinnen und Christen, ist das Wort Gottes in der Bibel eine unerschöpfliche Quelle der Hoffnung und damit eine kräftigende spirituelle Nahrung. Sie vermag Kraft und Ausdauer in allen noch so dunklen und schweren Situationen des Lebens zu schenken. Ein paar Beispiele:

- *Das Volk Israel*, das aus der Knechtschaft und Unterdrückung im reichen Ägypten ausbricht, die Flucht durch das

Rote Meer wagt und 40 Jahre durch die Wüste zieht, um das Land seiner Sehnsucht zu erreichen. Bis zum heutigen Tag ist diese Hoffnungserzählung eine Quelle, aus der nicht nur das Volk der Juden Kraft und Mut schöpft.

- *Josef*, den seine eifersüchtigen Brüder vernichten wollen, ihn in eine Zisterne werfen und als Sklaven nach Ägypten verkaufen. Hier wird er zum Berater des Pharaos und in einer Hungersnot rettet er später seine Brüder (vgl. Gen 37.39–47).

- *Die drei jungen Männer im Feuerofen*, deren vertrauensvoller Lobgesang auf Gott sie vor den vernichtenden Flammen des Feuers beschützt (vgl. Dan 3).

- *Daniel*, der in seinem festen Gottvertrauen unbeschadet in der Löwengrube überlebt (vgl. Dan 6).

- *Hiob*, der gerechte und rechtschaffene Mensch, der seine Familie, all seinen Wohlstand und seine Sicherheiten, sogar seine Gesundheit verliert, setzt dennoch unerschütterlich sein Vertrauen ganz auf Gott. So wendet sich schließlich alles wieder zum Guten, ja sein Leben wird noch reicher als zuvor.

- *Der Prophet Jona*, der seinem Auftrag entfliehen möchte, der reichen Stadt Ninive den Untergang zu verkünden. Bei seiner Flucht über das Meer gerät das Schiff in einen Sturm, Jona wird von den Seeleuten über Bord geworfen, um das Meer zu beruhigen. Doch ein Walfisch verschlingt ihn und speit ihn nach drei Tagen wieder an Land. Nun erst erfüllt Jona seinen Auftrag.

- *Judit*, die entschlossene Kämpferin, die das Volk Israel durch ihren Mut, ihre kluge List und ihr Vertrauen auf Gott vor der Vernichtung durch das Heer der Assyrer rettet.

- *Das Buch der Psalmen* ist eine kostbare Trost-, Kraft- und Hoffnungsquelle. Hier darf man bitten, klagen, fluchen, schreien, loben, danken, hier kann man in jeder Lebens- und Gemütslage Vertrauen, Zuversicht und Hoffnung tanken.

■ *Die Heilungen Jesu* spannen sich wie ein rettender Bogen durch alle vier Evangelien: unheilbar Kranke, Aussätzige, Blinde, Stumme, Gelähmte, von quälenden Lasten Besessene werden wieder gesund und heil, ja selbst Tote kehren zurück ins Leben. Jesu Auferstehung und seine Zusage „Ich bin mit euch alle Tage bis zum Ende der Welt" (Mt 28,20) sind Quelle und Bestätigung dieser Hoffnung.

Von großen Nöten und Verunsicherungen spricht auch das Wort Gottes in der Bibel an vielen Stellen: „Die Sonne wird sich verfinstern und der Mond wird nicht mehr scheinen; die Sterne werden vom Himmel fallen, und die Kräfte des Himmels werden erschüttert werden" (vgl. Mk 13,24f). Manchmal tut sich uns erst auf den zweiten oder dritten Blick ein Lichtschimmer am Horizont auf. Denn genau in diese zerrissene, zerbrochene, unheile Welt kommt Gott als Licht und Heil.

Optimismus – Pessimismus – Zuversicht

In den Wochen und Monaten der einschneidenden Covid-19-Maßnahmen habe ich mit vielen Menschen über den Inhalt dieses Buches und das Thema Zuversicht gesprochen, auch mit einem Psychotherapeutenkollegen. Seine erste Frage war: Worin besteht denn der Unterschied von Optimismus, Zuversicht und Pessimismus? Ulrich Schnabel hat darauf eine treffende Antwort parat: „Eingängig lassen sich die Unterschiede zwischen Optimismus, Zuversicht und Pessimismus anhand der berühmten Parabel von den drei Fröschen illustrieren, die in einen Topf Sahne fallen. Der Pessimist denkt: ‚O je, wir sind verloren, jetzt gibt es keine Rettung mehr.' Sagt's und ertrinkt. Der Optimist hingegen gibt sich unerschütterlich: ‚Keine Sorge, nichts ist verloren. Am Ende wird Gott uns retten.' Er wartet und wartet und ertrinkt schließlich ebenso sang- und klanglos wie der Erste. Der dritte, zuversichtliche Frosch hingegen sagt sich: ‚Schwierige Lage, da bleibt mir nichts anderes übrig, als zu strampeln.' Er reckt also den Kopf über die Sahneoberfläche und strampelt und strampelt – bis die Sahne zu Butter wird und er sich mit einem Sprung aus dem Topf retten kann."[1]

Zuversicht ist also nicht eine leere Hoffnung, sondern meint auf der einen Seite den klaren Blick auf den Ernst der Situation, gleichzeitig aber auch, sich nicht davon lähmen zu lassen und die verbleibenden Spielräume und Möglichkeiten zu nutzen, die manchmal größer und manchmal kleiner sind. Zuversicht heißt also, mit diesem Blick von Hoffnung in die Zukunft zu schauen.

Zum Aufbau dieses Buches

Zunächst soll uns der Blick auf das, was Zuversicht bedroht und zerstört, sensibel machen für die Gefährdungen dieser lebenswichtigen Haltung. Im zweiten Abschnitt geht es darum, bewusste Schritte in Richtung Zuversicht kennenzulernen. Sie ist einerseits ja ein Gefühl, aber auch eine Haltung, die wächst und konsequent gelernt werden kann. Im dritten Teil lade ich zu einem besinnlichen Gang durch die Heilige Schrift ein, die eine unerschöpfliche Quelle von Zuversicht sein kann. Sie erzählt uns von Rettung und Zuversicht in den aussichtslosesten Lebenslagen. Der vierte Teil versteht sich als eine Art Zuversichts-„Trainingscamp" für alle Tage des Jahres. Im christlichen Kirchenjahr sehe ich alle menschli-

---

1   Ulrich Schnabel, Zuversicht. Die Kraft der inneren Freiheit und warum sie heute wichtiger ist denn je, München [3]2018.

chen Themen und Fragen angesprochen. Ein Gang durch das Kirchenjahr kann Quellen der Zuversicht freilegen.

So möchte das vorliegende Buch zu einem realistischen Blick auf unser Leben ermutigen und gleichzeitig die lebenswichtige Haltung der Selbsttranszendenz (Viktor Frankl) einüben. Diese Grundhaltung beinhaltet, dass jede und jeder von uns in ein größeres Ganzes hinein verwoben ist, das uns trägt und hilft, unseren Weg mit Zuversicht zu gehen: das große Ja Gottes zu jeder und jedem von uns.

Alles ist Teamarbeit

Auch an diesem Buch waren viele beteiligt, die mitgearbeitet, Ideen und Anregungen beigetragen, Fehler behoben und Fehlendes ergänzt haben. Ihnen allen danke ich von Herzen: Andreas Maier, Barbara Moser-Natter, Christian Marte, Gaby Hudelist, Manfred Böhler, Margit Maier, Maria Graber, Philipp Supper, Reinhard Maier, Veronika Fehle.

Was bedroht meine Zuversicht?

Du kannst Gott nicht beleidigen,
es sei denn, du schadest dir selbst
oder dem anderen.
Thomas von Aquin

Eine verhaute Schularbeit, Streit mit den Geschwistern, die Freundin oder der Freund macht Schluss, die Stimmung am Arbeitsplatz ist im Keller, eine Kündigung, ein Unfall, eine lebensbedrohliche Krankheit, ein lieber Mensch stirbt … Verunsicherung, Krisen, Sackgassen, Versagen, Scheitern, Stürme gehören unweigerlich zum Leben. Sie belasten uns. Die Erfahrung von Leid drückt uns nieder.

Die einen sehen in solchen Ereignissen eine Herausforderung, kämpfen dagegen an oder versuchen, das Beste aus der Situation zu machen. Anderen wieder scheint es Hoffnung und Zuversicht zu rauben. Sind Unglück und Leiderfahrungen die Ursache dafür oder stecken vielleicht andere Haltungen dahinter, wenn wir die Zuversicht verlieren?

Wenn wir dieser Frage nachgehen, dann kommen wir nicht um den Begriff der Wurzelsünden herum. Damit sind Haltungen gemeint, die wir als „Laster" bezeichnen. Sie sind zerstörerisch, weil sie den Menschen in seiner Lebensentfaltung hemmen und schädigen. Thomas von Aquin würde sagen: „Du kannst Gott nicht beleidigen, es sei denn, du schadest dir selbst oder dem anderen." Das ist mit dem Begriff der Sünde gemeint: Ich schade mir selbst oder dem anderen. Was aber sind nun Haltungen, die Zuversicht zerstören?

Kränkung

Kränkungen trüben unser Lebensglück. Sie sind wie schmerzhafte Stiche, lösen Enttäuschung und Leid aus und bestimmen so auf negative Weise das Schicksal vieler Menschen. Nichts zerstört die Lebensqualität und die Stimmung mehr, als wenn unser Selbstwertgefühl durch Kränkungen zerstört wird. „Was kränkt, macht krank", weiß ein bekanntes Sprichwort. Niemand ist gegenüber Kränkungen resistent. Kein Mensch kann sich vor Kränkungen ganz schützen.

Eine bewusste Demütigung oder quälendes Mobbing können tief verwunden. Sogar ein ohne böse Absicht gesagtes Wort kann als kränkend empfunden werden. Kränkungen sind subtile Verletzungen, sie erschüttern das Selbst. Schon der Arzt und Psychotherapeut Alfred Adler (1870–1937) meinte zu einer Zeit, als physische Gewalt noch weitgehend toleriert wurde, dass eine als ungerecht empfundene Ohrfeige das Lebensschicksal eines Menschen entscheidend beeinflussen könne. Eine Kränkung, die die Tiefe der Seele berührt, ist eine zerstörerische Energie, die sich auf viele Bereiche des Alltags auswirkt. Kränkung zerstört das Grundgefühl von Zuversicht.

Einsamkeit

Abstand halten, Ausgangsbeschränkungen, Quarantäne – Isolation war während der Corona-Krise eine völlig neue, allgegenwärtige Erfahrung. Das Wahren physischer Distanz hat medizinisch eine große Bedeutung erlangt. Um die Virusverbreitung einzudämmen, mussten die Menschen eine wochenlange Isolation in Kauf nehmen – mit negativen Folgen.

Liebesentzug und Zurückweisung sind massive Verletzungen des Menschen, die Zuversicht zerstören. Die Urangst, zu wenig oder nicht geliebt zu sein, kann zu Verunsicherung, tiefer Depression und Krankheit führen. So kann das Gefühl der Ablehnung durch Vater und Mutter tiefe Wunden in der Seele schlagen. Aufmerksamkeit, Anerkennung und Wertschätzung sind kostbarer als Gold. Sie sind eine Quelle des Selbstwertgefühls und damit eine lebenswichtige Voraussetzung für Urvertrauen, Zuversicht und Glück. Dazugehören dürfen ist der tiefste Wunsch jedes Menschen.

Neid und Gier

„Leben und leben lassen", so lautet eine Volksweisheit. Eine Ursache von Ausgrenzung und Demütigung ist oft der Neid und die Gier. Soziale und wirtschaftliche Krisen bringen diese Verhaltensweisen wieder neu zum Vorschein, wie manche Panikkäufe in den ersten Tagen der Corona-Maßnahmen gezeigt haben. Als eine unerträgliche, ja fast unmoralische strukturelle Kränkung empfinde ich es, wenn Menschen Pensionsbezüge von 30.000 Euro monatlich erhalten, während andere mit 870 Euro auskommen müssen. Solch eklatante Ungleichheiten, ja Ungerechtigkeiten sind Ursache von Demütigung und Zurücksetzung, sie schüren Neid und Zorn. Die Erfahrung, zu kurz zu kommen und ständig draufzahlen zu müssen, bildet zudem den Nährboden für Feindbilder. Im politischen Leben sehen wir, dass solche Gefühle gerne auch für Wahlpropaganda instrumentalisiert werden. Sich einerseits ungerecht behandelt zu fühlen und andererseits in einer Haltung von Gier und Neid ständig dem Noch-mehr-haben-Wollen nachzurennen, zerstört einen dankbaren und zuversichtlichen Blick auf das Leben.

Unmäßigkeit

Eine Krise, ob sie nun persönlich ist oder kollektiv wie die Corona-Krise, kann uns bewusst machen, was wir wirklich zu einem guten Leben brauchen. Sie kann uns vielleicht auch zur Einsicht führen, dass eine intelligente Reduktion unserer Ansprüche uns letztlich glücklicher macht. Vielleicht zeigt sie uns auch, dass ein überhitzter Konsum, der oft nahe bei dem liegt, was die Theologie als „Unmäßigkeit" bezeichnet, sowohl die Natur als auch die innere Zufriedenheit und damit die Zuversicht der eigenen Seele zerstört. Zufrieden kann ich auch dann sein, wenn ich meine Ansprüche nicht ins Un-

endliche steigere, sondern wenn ich es verstehe, ein für mich und meine Mitwelt gut verträgliches Maß einzuhalten. „Es gibt erfülltes Leben trotz vieler unerfüllter Wünsche."[2]

Angst

Wir leben in einer Zeit mit vielen Ängsten. Sicherheiten von gestern sind verloren gegangen. Angst lähmt, macht eng, schnürt die Luft zum Atmen ab. Dabei hat sie durchaus eine lebenswichtige Warnfunktion. Sie kann aber auch den Blick für die Wahrnehmung der Realität verzerren, das Selbstwertgefühl zerstören, nüchternes Denken beeinträchtigen und die Bereitschaft, sich Neuem neugierig zuzuwenden, hemmen. Und sie ist ein Mittel der seelischen und sozialen Unterdrückung, von Einzelnen wie auch von gesellschaftlichen Gruppen.

Ob mich eine konkrete Angst quält oder diffuse Ängste, beides lässt die Zuversicht kleiner werden. Manche Ängste werden ausgelöst durch äußere Gefahren, andere gehen vielleicht auf unverarbeitete psychische Belastungen zurück. Sie wurden vielleicht durch ein Ereignis ausgelöst, haben sich aber dann zu freischwebenden Ängsten entwickelt, die ich mit mir herumschleppe. Manche Ängste sind gesellschaftlich bedingt, wie die Angst um den Arbeitsplatz oder den Wohlstand, wieder andere betreffen die persönliche Situation, etwa die Angst vor Krankheit, vor dem Verlust von Angehörigen, vor dem Tod. Und es gibt viele Ängste, die z. B. durch politische Strategien oder einflussreiche globale Konzerne und Machthaber erzeugt werden. Wer Geld, Macht und Einfluss hat, kann sich die anderen durch Angstmache klein und füg-

---

2 Dietrich Bonhoeffer, Widerstand und Ergebung, DBW Band 8, Gütersloh ²2017, S. 359.

sam halten. Und dann gibt es noch viele Ängste, die gesichtslos sind, deren Ursachen oft ein Geheimnis bleiben.

Von einer heute weit verbreiteten „Ketzerei der Angst" hat Cesare Zucconi von der Gemeinschaft Sant'Egidio beim Diözesanforum 2019 in Dornbirn gesprochen. Sie lege die Hoffnung in Ketten und lösche den prophetischen Geist aus, der aus dem Evangelium entspringt.[3] Angst ist ein schlechter Ratgeber. Sie führt zu Reaktionen, die das gute Lebensgefühl und die Zuversicht zerstören. Angst ist aber auch ein Instrument, mit dem Stimmung gemacht werden kann, wenn wir an Diskussionen im Zusammenhang mit der sogenannten Flüchtlingskrise oder an manche Statements während der Corona-Krise denken.

In den Stürmen des Lebens

Herausforderungen, schwere Bürden, Erfahrungen von Leid, Katastrophen und Schuld können Zuversicht bedrohen und im Rückblick dennoch zu Lernerfahrungen werden, die auch Wertvolles in sich bergen. Auch die Bibel berichtet von Stürmen. Jesus fährt mit seinen Jüngern ans andere Ufer des Sees. Auf der Fahrt schläft er ein. Ein Sturm kommt auf, das Wasser schlägt in das Boot und in Todesangst wecken die Jünger Jesus auf. Der gebietet dem Sturm und den Wellen Einhalt und Stille tritt ein. Und zu seinen Jüngern sagt er nur: „Wo ist euer Glaube?" (vgl. Lk 8,22–25).

Der Sturm steht in der Bibel nicht nur für Bedrängnisse und Gefahren, er ist auch das Zeichen schlechthin für den

---

3   Vgl. Wohin geht das Christentum? Vortrag von Cesare Zucconi beim Diözesanforum Feldkirch am 11. und 12. Oktober 2019. https://www. kath-kirche-vorarlberg.at/organisation/pastoralamt/links-dateien/ wohin-geht-das-christentum-vortrag-cesare-zucconi

Geist Gottes, der weht, wo er will. Sturm, das ist auch Chance und Aufbruch. Mit Jesus im Boot ist der Sturm nicht mehr eine todbringende Gefahr, sondern Zeichen für die Herausforderungen, denen wir auf diesem neuen Weg begegnen. Dann ist im Sturm etwas vom Geist Gottes spürbar, der aufrüttelt und frischen Wind bringt. Weit schlimmer als ein Sturm ist eine Flaute, wenn gar kein Lüftchen geht, sich nichts bewegt und nichts da ist, das mich antreibt. Entscheidend im Sturm ist es, die Segel richtig zu setzen. Segler wissen es zu nützen: Mit Gegenwind kann man ganz gut vorankommen.

Was nährt meine Zuversicht?

*Ein fröhliches Herz
tut der Gesundheit gut,
ein bedrücktes Gemüt
lässt die Glieder verdorren.*
Sprichwörter 17,22

Glückselig, himmlisch, freudig – diese Begriffe drücken Gefühle von Leichtigkeit aus. Gerade Kinder strahlen oft unbeschwerte Freude, Vertrauen und Zuversicht aus. Oder aber sie heulen vor Schmerz und Leid laut auf. Sie leben meist ganz im Augenblick. Vielleicht stellt Jesus darum auf die Frage seiner Jünger, wer im Himmelreich der Größte sei, ein Kind in die Mitte und spricht: „Wenn ihr nicht umkehrt und werdet wie die Kinder, werdet ihr nicht in das Himmelreich hineinkommen. Wer sich so klein macht wie dieses Kind, der ist im Himmelreich der Größte." (Mt 18,3–4)

Auch wenn sich bisweilen bedrohliche Wolken am Himmel meiner Gefühle zeigen, die Zuversicht blickt weiter. Sie weiß, dass auch wieder heitere Zeiten kommen werden.

Wertschätzung erfahren

Resi Kaufmann* lebt schon einige Jahre im Sozialzentrum. Wegen der Infektionsgefahr sind während der Corona-Pandemie keine Besuche möglich. Die Angehörigen halten jetzt Kontakt zu ihr über Videotelefonie und gelegentlich auch durch „Fern-Gespräche" vom Fenster des Sozialzentrums auf den darunterliegenden Parkplatz. Die Unterhaltung erlebt sie manches Mal tröstlich-vertraut und dann doch wieder enttäuschend-fremd, irgendwie wie abgeschnitten.

Frau Kaufmann kennt die vielen Höhen und Tiefen dieser Zeit des Abgeschnittenseins, auch die Angst, ihre Angehörigen nie mehr umarmen zu können. Nun erzählte mir Frau Kaufmanns Tochter kürzlich von einem Telefonat, bei dem

---

* Name geändert.

ihre Mutter das Gespräch plötzlich beendete: „Jetzt muss ich Schluss machen. Josef* kommt gerade, um mit mir Karten zu spielen." Die Tonlage der Stimme hatte sich auf einmal positiv verändert. Der persönliche Kontakt und die dadurch zum Ausdruck gebrachte Wertschätzung erfüllte ihre Mutter plötzlich mit neuer Energie, schenkte ihr eine neue, hoffnungsfrohe Perspektive. Vielleicht steckte ja auch etwas Verliebtheit dahinter?

Wertschätzung ist jedenfalls Balsam gegen die Erfahrung der Isolation. In den Zeiten der Ausgangs- und Kontaktbeschränkungen aufgrund der Corona-Pandemie haben viele die Erfahrung gemacht, dass diese Maßnahmen nicht nur das Virus isoliert haben, sondern weit mehr noch die Menschen. Wertschätzung ist eine Brücke zu neuem Lebensmut. Wohl jeder Mensch wünscht sich einen Partner, eine Partnerin, sei es zum Kartenspiel oder zu einem anderen gemeinsamen Vergnügen. Das kann viel Leid ersparen und tausend Momente der Freude schenken. So meint auch der Gehirnforscher Joachim Bauer: „Nichts stimuliert uns so sehr wie der Wunsch, von anderen gesehen zu werden, die Aussicht auf soziale Anerkennung, das Erleben positiver Zuwendung und die Erfahrung von Liebe. Kern aller Motivation ist also aus neurobiologischer Sicht, zwischenmenschliche Anerkennung, Wertschätzung und Zuwendung zu finden oder zu geben."[4]

---

* Name geändert.

4 Vgl. Joachim Bauer, Prinzip Menschlichkeit. Warum wir von Natur aus kooperieren, München 2007, S. 34.

Sinn erleben

Eine bedeutende Quelle für Zuversicht ist der Sinn. Was ist damit gemeint? Es gibt unzählige Definitionen für Sinn. Sie stehen immer im Zusammenhang mit dem *Warum* des Lebens. Es geht um die Frage, woran mein Herz hängt, was mein Herz wärmt und mit Freude füllt. Das berührt auch die Frage, wofür ich leben will und leben kann. Es ist die Frage nach dem *Wozu*, nach dem Motiv meines Lebens. Vaclav Havel (1936–2011), tschechischer Präsident und Menschenrechtler, formulierte den berühmten Satz: „Hoffnung ist nicht die Überzeugung, dass etwas gut ausgeht, sondern die Gewissheit, dass etwas Sinn hat, egal wie es ausgeht." Diese Kraft der Zuversicht und der Überzeugung einer sinn-vollen Tat kommt in der Geschichte „Der Mann, der einen Wald pflanzte", überzeugend zum Ausdruck. Vom Romanautor Jean Giono erstmals 1954 veröffentlicht, hat sie bis heute zahllose Leser gefunden.

Die Geschichte beginnt mit einer Wanderung eines jungen Ich-Erzählers Anfang des 20. Jahrhunderts durch das karge Bergland der Provence, „eine nackte und monotone Landschaft auf 1200 bis 1300 Metern Höhe, nur von wildem Lavendel bewachsen". Inmitten der Einöde trifft er auf einen schweigsamen Mann, von dem eine seltsame Ruhe und Gelassenheit ausgehen: Es ist der Schafhirte Elzéard Bouffier, der sich für ein Leben in der Einsamkeit entschieden hat, nachdem er seine Frau und seinen Sohn verloren hat. Fernab vom Weltgetriebe hütet dieser Hirte aber nicht nur seine Tiere, sondern verfolgt auch eine besondere Mission: Bouffier will die karge Landschaft wieder bewalden und pflanzt daher auf eigene Faust neue Eichen. Tag um Tag bohrt er mit einem Eisenstab Löcher in den trockenen Boden und versenkt darin sorgfältig sortierte Eicheln, unbeeindruckt von der schieren

Aussichtslosigkeit dieses Unterfangens und ohne sich darum zu kümmern, wem das Land gehörte oder was andere darüber denken mochten. In der folgenden Zeit wird der Erzähler in den Strudel des Ersten Weltkriegs gerissen und kehrt erst fünf Jahre später in diese Gegend zurück. Zu seinem Erstaunen trifft er erneut auf den Hirten, der – unbehelligt vom Krieg – stetig weitergepflanzt und mittlerweile einen kleinen Wald geschaffen hat. Im Laufe der Jahre besucht der Erzähler seinen Helden immer wieder und wird Zeuge eines kleinen Wunders: Die von Bouffier gepflanzten Eichen-, Buchen- und Birkenhaine dehnen sich aus und die gesamte Landschaft beginnt sich zu verändern. Es fließt wieder Wasser in den Bachbetten, das Klima wird erträglicher, und die ehemals verlassenen Dörfer werden neu besiedelt. Am Ende, nach über vier Jahrzehnten, hat sich die zuvor karge, verlassene Gegend in ein wahres Idyll verwandelt. „Zählt man die Eingewanderten zu der alten, kaum wiederzuerkennenden Bevölkerung dazu, verdanken mehr als zehntausend Personen ihr Glück Elzéard Bouffier", berichtet der Erzähler und schildert bewundernd die „dauerhafte Seelengröße und selbstlose Großzügigkeit" dieses Schafhirten, der sich allein „auf seine physischen und moralischen Kräfte verlassend" aus einer Wüste ein „gelobtes Land" geschaffen habe.[5]

Diese Episode macht bewusst: Sinn kann nicht bloß theoretisch oder technisch konstruiert werden. Sinn muss *gefunden* und *erlebt* werden. Ein anderes Beispiel: Wenn ich vor dem gotischen Dom in Feldkirch stehe, weiß ich vielleicht um die bunten Glasfenster des Künstlers Martin Häusle, die den Kirchenraum wunderschön erhellen und die zu den ver-

---

5   Jean Giono/Quint Buchholz, Der Mann, der Bäume pflanzte, München 2016.

schiedenen Tageszeiten immer wieder neue Geschichten erzählen. Persönlich *erleben* und tief *erfahren* werde ich dieses
Wunder jedoch nur, wenn ich in den Dom hineingehe und das
bezaubernde Farbenspiel auf mich wirken lasse.

Das ist auch ein Bild für das Leben. Den konkreten Sinn
meines Lebens kann ich mir nicht nur im Kopf ausdenken.
Ich erfahre ihn, wenn ich – um im Bild zu bleiben – in den
„Kirchenraum" meines Lebens hineingehe. Ich werde vielleicht hineingehen, weil ich weiß und vertraue oder wenigs-
tens hoffe, dass es den Sinn überhaupt gibt. Den Sinn erfahren, mich davon stärken lassen und daraus Zuversicht schöpfen kann ich jedoch nur, wenn ich diesen Raum betrete und
mich darin bewege. Das heißt aber auch, dass jede und jeder
von uns den Sinn nur für sich persönlich finden kann. Es gibt
kein für alle Menschen gültiges *Warum* und *Wozu* des Lebens.
Wie aber finde ich den Sinn meines Lebens? Wie finde ich zu
diesen Quellen der Zuversicht? Mehrere „Hauptstraßen"
führen dorthin.

Schöpferische Werte

Eine Möglichkeit, Sinn zu erfahren, führt über den Weg der
schöpferischen Werte. Hermann Hesse formuliert das treffend: „Das Leben stellt jedem eine andere, einmalige Aufgabe, und so gibt es auch nicht eine angeborene oder vorherbe-
stimmte Untauglichkeit zum Leben, sondern es kann der
Schwächste und Ärmste an seiner Stelle ein würdiges und
echtes Leben führen, einfach dadurch, dass er seinen nicht
selbstgewählten Platz im Leben und seine besondere Aufga-

be annimmt und zu verwirklichen sucht."[6] Das heißt, dass jeder Mensch sinnvoll leben und jede Situation sinnvoll gelebt werden kann.

In den Tagen der Corona-Krise haben wir das auch erlebt. Es gab enge Grenzen, die Freiräume unseres Lebens waren sehr eingeschränkt. Ein junger Mann, der schon längere Zeit im Homeoffice war und eine neue Aufgabe für seine Freizeit suchte, erzählte mir von seinem Besuch in einem Baumarkt, der nach den Ausgangsbeschränkungen wieder geöffnet wurde. Es war für ihn wie das Umhergehen in einer Welt, die ihm Freude macht. Etwas, das er sich vorher nie hätte vorstellen können. Warum? Auf einmal hat er viele Möglichkeiten entdeckt, sich sinnvoll und schöpferisch zu betätigen, selbst wenn es nur der kleine Garten war, den er auf seinem Balkon zusammen mit seiner Frau angelegt hat – das Gemüse, die Blumen, die Aussicht auf eine Ernte im Sommer.

Hätte ich diesem vielseitig engagierten jungen Menschen noch vor einem Jahr vorgeschlagen, „lege doch auf dem Balkon einen Garten für dich an", er hätte mich wahrscheinlich nur belächelt. Die veränderte Lebenssituation hat ihm eine ganz neue Sinnmöglichkeit aufgetan. Sie berührt die tiefsten Schichten des Menschseins, nämlich des Säens, des Schaffens, eben der schöpferischen Werte. Das bestätigt mir auch ein erfolgreicher Politiker. Seine Augen leuchten, wenn er von seinem Weinberg erzählt. Wer einen Garten anlegt, beteiligt sich am großen Schöpfungswerk Gottes. Mit einem Garten schafft man sich einen Ort des Wohlfühlens und auch der Sehnsucht. Gott hat den Menschen nicht in eine fremde Welt hineingesetzt, sondern in

---

6   Hermann Hesse, Lektüre für Minuten, Frankfurt/Main 1971, S. 70.

einen geschützten Raum. Wie wir auf den ersten Seiten der Heiligen Schrift lesen, war das erste Zuhause des Menschen ein Garten, also ein Ort, wo man Schutz und Geborgenheit genießen konnte, wo die Beziehung zur Natur harmonisch war und der Mensch in unmittelbarer Nähe zu Gott lebte. Jemand, der den Garten liebt, spürt vielleicht bewusst oder unbewusst diese Sehnsucht nach einer harmonischen Einheit mit Gott und der Umwelt.

Die Heilige Schrift kennt einen anderen Aspekt des Gartens: Er ist auch der Ort der Liebe und des Lebens. Das Hohelied besingt den Garten als den Ort, an dem man das Leben feiert, wo man einfach Freude daran hat, dass es Leben auf dieser Erde gibt. Dieser Garten ist exotisch, wohlduftend, da wachsen seltene und kostbare Pflanzen, Kräuter und Früchte, die zur Erhaltung des Lebens und zur Heilung von Krankheiten unentbehrlich sind: „Ein Granatapfelhain mit köstlichen Früchten, Hennadolden samt Nardenblüten, Narde, Krokus, Gewürzrohr und Zimt, alle Weihrauchbäume, Myrrhe und Aloe, allerbester Balsam" (Hld 4,13f) – all das kann man dort finden.

Die Bibel nennt noch eine dritte Dimension des Gartens. Vor seinem Leiden ging Jesus in den Garten Getsemani auf den Ölberg, um dort zu beten und Kraft zu schöpfen. Der Garten ist auch ein Ort der Stille und des Gebetes. Die Seele in Bedrängnis findet dort ihre Ruhe, verwirrte Gedanken werden klar, Fragen bekommen eine Antwort. Die heilende Kraft des Gartens wird vielfach genützt. Aufenthalte in Klöstern wie Exerzitien sind oft verbunden mit Gartenarbeit. Die Therapie bei Erschöpfung und Burnout integriert auch oft Aktivitäten im Garten oder den Gang in die Natur.

Der Garten ist ein wunderbares Bild für die Fülle des Lebens. Und ich glaube: Wer sich um einen Garten sorgt, liebt das Leben. Jede auch noch so kleine Pflanze braucht Zuwendung, Aufmerksamkeit, Pflege – und man könnte sagen: Liebe. Im Garten kann man viel für das eigene Leben lernen: das Warten auf das Wunder, bis der Keimling kommt; zartes und feinfühliges Umgehen mit den Setzlingen; Geduld, bis die Pflanze blüht und dann Früchte trägt; Pflege und Schutz, wenn Schädlinge oder Krankheiten die Pflanze bedrohen. Nicht zuletzt deshalb ist die Natur und das Betrachten von Wachstum und Blühen etwas, das uns im Tiefsten berührt. Wir sind berufen, um es theologisch zu sagen, an der Schöpfung mitzutun. Schöpferische Werte – künstlerisches Schaffen, kreative Umsetzung von Ideen – sind zentrale Wege zum Sinn und zur Zuversicht.

Erlebnisse bereichern

Wenn ich aus dem Fenster blicke, sehe ich in meiner Nachbarschaft oft spielende Kinder. Wenn wir das Leben von Kindern betrachten und uns die Frage stellen, was sie denn wirklich zum Leben brauchen, so sind es im Grunde ganz wenige Dinge, auf die es ankommt. Neben den natürlichen körperlichen Bedürfnissen wie Ernährung und Kleidung ist es vor allem die Zuwendung. Sie ist wohl das wichtigste „Lebensmittel" für Kinder. Und es sind die Erlebnisse – das gemeinsame Spielen, das neugierige Entdecken von verschiedenen Räumen und Situationen: Wie leben Tiere? Wie funktioniert diese Maschine? Wenn man Kinder fragt, was sie gerade freut, dann sind es solche Erlebnisse, von denen sie erzählen. Und das ändert sich nicht bis ins hohe Alter. Viktor Frankl spricht deshalb von den Erlebniswerten, die so wichtig sind für den Grundwasserspiegel der Zuversicht in unserer Seele. Was er damit meint, kann das folgende Beispiel erläutern.

Wenn wir Krisen erleben, die uns von anderen Menschen und auch von vielen gewohnten Erfahrungen trennen, dann spüren wir mit der Zeit eine bestimmte Leere. Es scheint so zu sein, als ob die Seele, unser Innerstes an Farbe verliert. Die Farbtöne werden weniger intensiv und verblassen. Ein Mann erzählte mir davon, dass er das auch bei seiner Partnerin erlebt hat. Als sie während der Pandemie in Quarantäne waren, fehlte ihnen rein äußerlich während dieser Zeit nichts. Doch er bemerkte, dass seine Frau immer unruhiger wurde, weniger Humor hatte, weniger redete. Und er sagte sich, da muss ich etwas tun. Er machte den Vorschlag, einen kleinen Ausflug zu einem Ort zu machen, den sie oft gemeinsam besuchen, einer zauberhaften Kapelle, einem Kraftort und einem Juwel der Architektur. Es war das schlichte Erlebnis eines Ausflugs, eines Spaziergangs in der Natur, eines gemeinsamen Gebetes in der Kapelle, das Freude und Farbe in ihr Leben zurückgebracht hat.

Dieses unspektakuläre Beispiel zeigt, dass Erlebnisse, auch wenn sie noch so klein und unscheinbar sind, Zuversicht und Freude zu schenken vermögen. Erlebniswerte sind für Viktor Frankl ein Königsweg zu einem sinnvollen Leben. Wenn wir darauf achten, dass es jeden Tag ein kleines Erlebnis gibt – ein Spaziergang in der Natur, eine gemeinsame Unternehmung, ein Spiel –, dann können wir auch in dürren und mühsamen Zeiten vom Grundwasser der Freude und der Zufriedenheit frische Kraft schöpfen.

Wähle deine Einstellung

Jede Situation in unserem Leben, ob sie angenehm und erfreulich ist, ob sie herausfordert oder Sorge bereitet, fordert uns dazu auf, Stellung zu beziehen. Wir können darüber klagen und jammern, uns selbst bemitleiden oder sie als eine Herausforderung und Aufgabe betrachten, der wir uns stellen möchten. Die innere Bewertung einer Situation ist grundlegend.

Viele Gespräche in den Monaten der Corona-Krise haben mir gezeigt, dass besonders ältere Menschen unter der verordneten Einsamkeit litten und sich der Situation hilflos ausgeliefert fühlten. Etwa die bange Frage, ob die 24-Stunden-Betreuerin nach dem nächsten Schichtwechsel wohl wiederkommen werde. Oder ob ich wieder einmal unbeschwert einkaufen gehen kann. Oder wann ich meine Urenkel wieder umarmen darf.

Auch für junge Menschen war es oft eine sehr belastende Zeit: schwelende Konflikte mit den Eltern, Streitereien, sogar Gewalt in der Familie, die Unmöglichkeit, Freunde zu treffen und sich mit ihnen auszutauschen oder Sport zu treiben, wenn es daheim eng wurde. Bei der Suche nach einer Lehrstelle war nichts mehr möglich. Betroffen gemacht hat mich auch eine Begegnung mit einem Studenten. Das „Distance-learning" machte ihm zu schaffen. Die Kolleginnen und Kollegen fehlten ihm so sehr, dass er seine Freude am Studium zu verlieren drohte und sich der Gedanke meldete: „Ich höre auf".

Eine ebenso simple wie kreative Lösung hat eine „Risikopatientin" für sich entdeckt. Sie hatte schwerwiegende Vorerkrankungen und war durch die exzessive Medienberichterstattung sehr beunruhigt. Sie fand keinen Schlaf mehr und konnte sich kaum mehr schönen und leichten Gedanken zuwenden, bis sie schließlich eine Entscheidung für sich fällte: Sie hat entschieden, sich ganz bewusst dem Alltag zuzuwenden. „Der Alltag ist das, was mir Halt und Sinn gibt", die Zuwendung zum Heute, zu den kleinen alltäglichen Verrichtungen, zum nächsten unscheinbaren Handgriff. Die Routine des Alltags – mit dem Frühstück, diesen und jenen Aufgaben, dem kleinen Garten, Telefonaten mit lieben Menschen, dem Lesen von Zeitschriften, dem Schreiben eines Briefes –, das hat wieder Freude und Zuversicht in ihr Leben gebracht.

Diese Erfahrung begegnet mir in der Seelsorge häufig: Menschen stehen vor einem großen Problem, einer schwierigen Entscheidung oder einer wichtigen Lebensfrage. Da möchte man alles in den Blick nehmen, um ja nichts zu übersehen. Diese Haltung führt oft zu einer Überforderung und zu einer inneren Unbeweglichkeit, ja Blockade: Werde ich es schaffen? Habe ich die Kraft? Hier hilft der Blick auf das Jetzt. Wichtig ist die Entscheidung für das Heute.

Wie entlastend der bewusste und achtsame Blick auf die vielen kleinen Handgriffe des Alltags sein kann, beschreibt Michael Ende in seinem Buch „Momo". Darin erzählt er unter anderem vom Straßenkehrer Beppo, einem der besten Freunde des kleinen Mädchens Momo. Er ist ein einfacher, schlichter Mensch, die meisten würden ihn wohl eher als einfältig bezeichnen. Beppo ist langsam und bedächtig in seinem Tun und in seinem Denken, fast so, als ob er etwas schwer von Begriff wäre. Und doch macht er sich seine Gedanken zum Lauf der Welt und der Dinge, die von einer ungeheuren philosophischen Tiefe und Weisheit sind. Der Beruf des Straßenkehrers ist heute beinahe ausgestorben, er genießt eben kein Ansehen. Große lärmende Maschinen saugen den Schmutz und achtlos weggeworfenen Müll von den Straßen. Doch Beppo selbst ist vom Wert und der Bedeutung seiner von den meisten wenig geschätzten Arbeit überzeugt, auch wenn die Straße, die er zu reinigen hat, manchmal endlos lange und hoffnungslos schmutzig erscheint. In den Gesprächen am Feierabend nach getaner Arbeit erklärt Beppo seiner Freundin Momo und vielleicht mehr noch sich selbst, worauf es ihm bei seiner Arbeit ankommt. Wenn die Straße, deren Reinigung als zu bewältigende Aufgabe vor einem liegt, manchmal so bedrückend lange erscheint und fast unmöglich zu schaffen ist, dann ist man versucht, immer schneller und schneller zu arbeiten, man wird hektisch und kommt ganz außer Atem, bis man nicht mehr kann. So darf man es nicht machen, ist Beppos Erfahrung. Er versucht, niemals die ganze Straße auf einmal zu denken, sondern seine Arbeit Schritt für Schritt im steten Rhythmus von Besenstrich und Atemzug und nächstem Schritt langsam und gemächlich zu tun. So macht es Freude. So wird das Ergebnis gut. Und mit einem Mal bemerkt man, dass man die ganze, lange Straße gekehrt hat, Schritt für Schritt.[7]

In der Logotherapie bezeichnet man diesen Vorgang als „Einstellungsmodulation". In jeder Situation, mag sie noch so aussichtslos scheinen, gibt es immer noch einen Rest von Freiheit. Ich selber bin es, die oder der entscheidet, wie ich mit diesem Problem, mit dieser Frage oder Situation umgehe. Der Blick auf die kleinen Schritte des Alltags ist dabei sehr hilfreich und gibt Zuversicht. Ich habe die Wahl.

Auch die Weisheitsschriften in der Bibel raten uns zu einer solchen Einstellung. Zu vertrauender Gelassenheit gegenüber den Wechselfällen des Lebens ermutigt der Weisheitslehrer Kohelet: „Alles hat seine Stunde. Für jedes Geschehen unter dem Himmel gibt es eine bestimmte Zeit: [...] Eine Zeit zum Weinen und eine Zeit zum Lachen, eine Zeit für die Klage und eine Zeit für den Tanz" (Koh 3,1.4). Oder im Buch der Sprichwörter (17,22) des weisen Königs Salomo finden wir ei-

---

7   Michael Ende, Momo, Stuttgart 1973, S. 35–37.

nen lebensnahen Gesundheitstipp: „Ein fröhliches Herz tut der Gesundheit gut, ein bedrücktes Gemüt lässt die Glieder verdorren." Auch da liegt es zumindest ein Stück weit immer in meiner Entscheidung, wie viel Raum und Gewicht ich dem Belastenden und Schweren zugestehe oder ob ich versuche, meinen Blick auf das zu richten, was mich stärkt und mir Freude bereitet.

Geistige Verbundenheit

Es ist Sonntag. Wir sind noch in der Zeit der Pandemie und der damit verbundenen Ausgangsbeschränkungen. Es finden keine öffentlichen Gottesdienste in unseren Kirchen statt. Ich gehe in der Früh nach dem Morgengebet ein wenig in die Natur und mache einen Spaziergang, um mein Herz vor dem Sonntagsgottesdienst, den ich über das Radio mitfeiere, für Gott und für die Liturgie zu öffnen.

Dann, es ist kurz vor zehn Uhr, höre ich die Glocken der Pfarrkirche. Wir haben alle Pfarren unserer Diözese gebeten, um 10 Uhr die Glocken zu läuten und die Menschen zur Mitfeier des Gottesdienstes via Radio einzuladen. Dieses ruhige, feierliche Läuten der Glocken berührt mich. Mit einem Male fühle ich mich mit vielen Menschen verbunden, die sich jetzt auf den Gottesdienst vorbereiten. Und ich denke an die Emmausjünger, die zunächst allein unterwegs sind, dann aber vom auferstandenen Christus, der überraschend auf ihrem Weg hinzukommt, begleitet werden. In diesem Moment wird ihnen eine völlig neue Perspektive auf die Krisensituation ihres Lebens geschenkt, ihr Herz begann zu brennen. Diese geistliche Verbundenheit mit vielen Menschen, die zu diesem Zeitpunkt Gottesdienst feiern, und der Gedanke, dass Gott uns neue Perspektiven schenkt, haben mein Herz berührt.

Zuversicht entsteht auch durch geistige Verbundenheit mit Menschen. Ich weiß nicht, wer den Gottesdienst mitfeiert, ich bin mit niemandem direkt verbunden, ich feiere ihn zuhause mit, alleine. Und doch ist dieses Netz des Betens, der guten Gedanken und des Vertrauens auf Gott etwas, das mir an diesem Tag ganz wichtig wurde. Zuversicht durch ein jahrhundertealtes Ritual: das Glockenläuten. Noch nie in meinem Leben habe ich so intensiv die Bedeutung und Wirkung einer Glocke verspürt, obwohl ich das Läuten über viele Jahrzehnte hunderte Male gehört und wohl oft auch überhört habe. Die bewusste Verbundenheit der Herzen überwindet jede räumliche Distanz.

Zuwendung, Zärtlichkeit, Zeit

Die „drei Z" – Zuwendung, Zärtlichkeit und Zeit – sind so etwas wie „Grundnahrungsmittel", die ein jeder Mensch zum Leben braucht. Ohne sie verkümmern wir, verlieren wir die Lebensfreude und -energie.

Zuwendung

Beziehungen zu vertrauten Menschen, zu Freunden und Familienangehörigen sind eine Quelle von Sicherheit und Zuversicht. Gerade in Krisensituationen zeigt sich die Tragfähigkeit, Verlässlichkeit und Belastbarkeit der Familie besonders deutlich. Unser Sozialsystem ist hoch entwickelt. Für fast alle erdenklichen Probleme und Nöte gibt es Hilfen – und das ist sehr gut so. Aber doch ist es nie möglich, alle sozialen Netze und Sicherheiten so eng zu flechten, dass alle Menschen mit ihrer seelischen und physischen Not aufgefangen werden können. Gerade dann ist die Familie ein großes soziales Kapital. Sie ist der Ort, der uns am wirkungsvollsten hilft, in die Zukunft zu gehen. Sie ist ein enges Netzwerk von Vertrauen, von vertrauten Beziehungen, in dem wir einfach da sein dürfen, ohne Leistung, wo wir uns schwach zeigen dürfen und wo Versagen keine Schande ist.[8] Die Familie ist der Ort, wo der Wert eines Menschen gefeiert wird. Deshalb gehört es fundamental zu jedem Familienleben, bestimmte Feste zu feiern – Geburtstage, Jubiläen, die Feste des Jahres und des Lebens, Erfolge und Entwicklungsabschnitte. In diesen Festen wird deutlich, dass es im tiefsten Sinn des Menschseins ist, Freude zu leben. Das Fest ist Ausdruck existenziellen Reichtums.[9]

Ein junger Mann, er steht kurz vor seiner Hochzeit, erzählt mir, dass die Trauung aufgrund eines tragischen Todesfalles in der Familie verschoben werden muss. Seine kleine Schwester ist an Krebs gestorben. Sie wurde von der Familie intensiv begleitet, auch am Vorabend ihres Sterbens waren sie alle bei Jaqueline* und konnten sich so gut von ihr verabschieden. Was gibt in einer solchen Situation Kraft zu leben? In der Zeit der Corona-Maßnahmen konnte die Beerdigung nicht im sonst üblichen Rahmen stattfinden, es musste eine andere Form des wertschätzenden Abschiednehmens gesucht werden. So hat die Familie die Bekannten und Freunde eingeladen, abends zuhause eine Kerze anzuzünden und für die Verstorbene zu beten. Sehr viele haben sich daran beteiligt und, was für die Familie besonders tröstlich war, vor ihrem Haus

---

8   Vgl. Benno Elbs, Wo die Seele atmen lernt, Wien/Graz/Klagenfurt 2016, S. 68.

9   Vgl. Josef Pieper, Zustimmung zur Welt. Eine Theorie des Festes, hrsg. von Berthold Wald, Kevelaer 2012, S. 24.

*   Name geändert.

wurden an diesem Abend Hunderte von Kerzen aufgestellt. Ein berührendes Zeichen der Zuwendung, des Trostes und der Hoffnung.

Zärtlichkeit

Die Sicherheitsregeln zur Vermeidung von Covid-19-Infektionen haben auch die Formen der Kommunikation drastisch verändert. Masken signalisieren Abstand, Vorsicht, ja Misstrauen und Angst. Es war ein eigenartiges Erlebnis für mich, als ich auch in unserem Gesprächsraum eine Plexiglasscheibe aufstellen ließ und das erste Mal so ein Gespräch geführt habe. Distanz wird aufgebaut, Nähe unterbrochen, auch wenn die Scheibe fast unsichtbar ist. Anders ist es bei den Kindern. Beim Besuch einer Familie rennen mir die Kinder entgegen und wollen einfach herzlich begrüßen. Nur der vierjährige Moritz sagt auf einmal: Abstand halten!

Nachdenklich gemacht hat mich auch das Telefonat mit einer jungen Frau, die mit einer Krebsdiagnose im Krankenhaus lag. Im Gespräch sagte sie auf einmal: „Sie können sich gar nicht vorstellen, wie sehr ich mich nach einer Umarmung sehne." Weder ihr Ehemann noch ihre Kinder und Enkel durften sie in dieser Zeit besuchen. Oder ein Blick ganz an den Anfang des Lebens, in die Geburtenstation mit den Frühgeborenen. Krankenschwestern erzählen mir immer wieder, wie wichtig eine zärtliche Berührung für diese so auf Hilfe und Zuwendung angewiesenen Babys ist. Sie blühen auf, wenn sie von den Eltern in den Arm genommen werden. Papst Franziskus spricht oft von der Zärtlichkeit. Wir brauchen diese feine, zärtliche Zuwendung. Sie ist wie Wasser für eine Pflanze, wie Lebensenergie für eine Blume, die blüht.

Ich bin auf einem Bauernhof aufgewachsen, da herrscht eine sehr natürliche Beziehung zu Haustieren. Oft schon habe ich mich auch ein wenig gewundert, wenn Menschen ihren Hund oder ihre Katze fast wie Kinder behandeln. In den Tagen der Corona-Krise habe ich aber gemerkt, wie viel Zärtlichkeit und Zuwendung von einem Tier ausgehen kann und wie wichtig dies besonders für ältere Menschen ist, wenn sie durch das verordnete Abstandhalten von jeder Berührung von allem Lebendigen getrennt sind und nur digital mit ihren Lieben in Kontakt treten können. Auf diesem Prinzip der Erfahrung von Zärtlichkeit, Berührung und des Haltgebens beruht auch die sogenannte „Festhaltetherapie" nach Jirina Prekop[10]. Durch das Festhalten entstehen Sicherheit und Wärme, man gewinnt wieder Boden unter den Füßen. Auch Jesu Zuwendung zu den Menschen, die Hilfe brauchten, ist getragen von dieser Zärtlichkeit und Wertschätzung.

Zeit

Zuwendung und Zärtlichkeit brauchen Zeit, damit sie sich entfalten können. Wenn wir uns fragen, was denn heute die wichtigste Ressource für viele Menschen ist, dann ist es wohl die Zeit. Zeit schenken heißt daher auch vom Wertvollsten schenken. Sogar Wirtschaftsstrategen, die meinen, „Zeit ist Geld", haben das begriffen, auch wenn sie die Kostbarkeit der Zeit vorwiegend aus materieller Sicht bewerten. Doch auch menschliche Gefühle unterliegen dem Gesetz des Wachstums. Da kann nichts beschleunigt oder technisch manipuliert werden, wachsen braucht einfach seine Zeit. So bedeutet Zeit schenken Wertschätzung schenken.

---

10 Jirina Prekop, Hättest du mich festgehalten. Grundlagen und Anwendung der Festhalte-Therapie, München 1989.

Alles menschliche Leben sei „Resonanz", sei Antwort, meint der Soziologe Hartmut Rosa.[11] Wir leben in ständigen Wechselbeziehungen. Das Gegenstück zu ständiger Beschleunigung und unaufhörlichem Wettbewerb bezeichnet er als Resonanz, die Grundsehnsucht des Menschen nach einer Welt, die sich nicht ständig weiterdreht, sondern antwortet. Ausbrechen kann der Mensch aus dem Hamsterrad, indem er sich Resonanzmomente schafft, das heißt Orte, wo er zu Hause ist und aufatmen kann. Das lernen wir in der Familie: Vertrauen, Freundschaft, Verzeihen – all das sind Formen der Resonanz. Die Familie erscheint „als der (vielleicht letzte) ‚Resonanzhafen' in einer ansonsten indifferenten oder sogar feindlichen Welt des Kampfes und der Konkurrenz".[12]

Einen Namen haben

Wenn man kleine Kinder beobachtet und mit Eltern ins Gespräch kommt, spürt man, wie wichtig Namen sind. In der Bibel und in vielen Schriften aus unterschiedlichsten Kulturen ist der Name gleichsam ein Programm des Lebens. Er sagt etwas aus über die soziale Stellung, die Aufgabe oder auch die Berufung und den Auftrag eines Menschen. Der Name kann auch die Position in einer gesellschaftlichen Gruppe ausdrücken.

In der Familientherapie gibt es so etwas wie das Recht auf Zugehörigkeit. Jeder Mensch, gerade im Blick auf die Familie, hat das Recht, dazuzugehören. Manchmal werden in Fami-

---

11 Vgl. Hartmut Rosa, Resonanz. Eine Soziologie der Weltbeziehung, Frankfurt/Main 2016.

12 A. a. O., S. 341.

lien Menschen ausgesondert, an den Rand gedrängt. Das schadet der Gesundheit des betreffenden Menschen, zugleich stört und zerstört es auch das Familiensystem.

Ein Blick in die Bibel zeigt das auch noch einmal sehr deutlich. Jesus wendet sich den Ausgegrenzten zu – jenen, die durch Krankheit, ihren Beruf oder Armut nicht dazugehören dürfen. Dazugehören dürfen ist eine Quelle für Zuversicht und Selbstwert.

Neben dem persönlichen Selbstwert gibt es auch den Selbstwert als Gruppe. Eine Gruppe von Menschen ist verbunden durch gemeinsame Interessen, Ziele oder Ideen. Die Mitgliedschaft zu einer Gemeinschaft – sei es eine politische, religiöse oder eine Sportmannschaft – hat eine große emotionale Bedeutung. Stolz tragen viele ihren Dress oder ihre Uniform. Wo solche Emotionalität und Empathie fehlen, ist die Hemmschwelle für Ausgrenzung, Gewalt und Grausamkeit stark herabgesetzt. Vom Philosophen Hans-Georg Gadamer stammt der Ausspruch: „Einem Menschen in die Augen zu schauen heißt, ihn nicht töten zu können."[13]

Einen Namen haben, Bedeutung haben, schenkt Zuversicht. Wer freut sich nicht, wenn er beim Namen gerufen wird? Erkannt zu werden, auch in einer großen Menge, ist etwas, das Wertschätzung schenkt und Freude bereitet. Andere Menschen beim Namen rufen, sie beim Namen kennen, ist ein nicht zu unterschätzender Beitrag für die gute Atmosphäre in einer Gemeinschaft. Jemanden mit dem Namen anreden ist ein Geschenk.

---

13   Vgl. Reinhard Haller, Das Wunder der Wertschätzung. Wie wir andere stark machen und dabei selbst stärker werden, München 2019, S. 32.

In Beziehung:
Tragen und Getragen-Sein

Die wechselseitigen Beziehungen zwischen Ich und Du waren das lebenslange Forschungsthema des Religionsphilosophen Martin Buber (1878–1965). „Der Mensch wird am Du zum Ich"[14], lautet ein bekanntes Grundgesetz, das er formuliert hat. Gerade in Zeiten und Lebenssituationen wie der Corona-Pandemie, in denen Beziehungen reduziert werden müssen, spüren wir das umso deutlicher. Beziehungen sind ein Ort, wo Zuversicht und Selbstvertrauen wachsen.

Das grausame psychologische Experiment von Kaiser Friedrich II. mit neugeborenen Kindern hat das deutlich werden lassen. Babys wurden gleich nach der Geburt isoliert. Es gab keinerlei Kommunikation mit ihnen, keinen sprachlichen Austausch, keine Zärtlichkeit, nur die notwendige Nahrungsaufnahme. Keines der Kinder hat diese Situation überlebt. Zuwendung und menschliche Wärme sind „Grundnahrungsmittel", ohne die jedes Lebewesen verkümmert. Die Isolation und die rigorosen Kontaktbeschränkungen aufgrund der Pandemie haben deutlich werden lassen, dass das Tragen und Getragen-Werden wesentliche Grundbedürfnisse jedes Menschen sind.

Ein treffendes Beispiel für dieses Grundgesetz finden wir auch in der Architektur. Eine der großartigsten Kirchen der Welt ist der Petersdom in Rom mit seiner gewaltigen Kuppel mit einer Höhe von 119 Metern und einem Durchmesser von 42 Metern. Der Bau wurde ohne Beton und Stahl in der Zeit von 1506 bis 1626 errichtet. Die Steine der Kuppel sind so zu-

---

14 Martin Buber, Ich und Du, in: ders., Werke, Bd. 1 (Schriften zur Philosophie), München 1962, S. 77–170.

sammengefügt, dass sie dieses gewaltige Bauwerk tragen. Jeder Stein hat zwei Aufgaben: Er trägt und er wird getragen. Würde man auch nur einen Stein herausbrechen und das Gleichgewicht dieser Aufgaben stören, so könnte das ganze Gebäude einstürzen.

Tragen und Getragen-Werden sind zwei unverzichtbare Elemente guter menschlicher Beziehung, die Zuversicht wachsen lassen. In besonderem Maße trifft das nicht nur am Beginn, sondern ebenso am Ende des Lebens zu. Hier wie dort werden wir getragen. Und unser ganzes Leben hindurch sind oft wir diejenigen, die tragen. Eine Selbstreflexion auf diese beiden wichtigen Rollen kann hilfreich sein: Wo bin ich in der Rolle des oder der Tragenden? Wo darf und muss ich es zulassen, dass ich getragen werde?

Balance von Nähe und Distanz

Jeder Mensch wünscht sich wärmende Nähe und sichere Geborgenheit, ebenso aber auch Freiheit und Unabhängigkeit. Wo aber liegt die richtige Balance zwischen Nähe und Distanz? Je nach persönlicher Beziehung zu einem Menschen, gesellschaftlichen Konventionen oder beruflichen Notwendigkeiten kann diese sehr unterschiedlich sein. Die Sicherheitsregeln infolge der Covid-19-Pandemie haben in fast allen Staaten der Welt eine Haltung quasi in den Verfassungsrang gehoben: Abstand halten!

Dass liebevolle Nähe das Leben eines anderen Menschen auch gefährden kann, war bis dahin ein völlig fremder Gedanke. Ebenso eigenartig empfanden es wohl die meisten, dass Respekt und die Nähe des Herzens ausgerechnet durch Abstandhalten zum Ausdruck gebracht werden sollte. Die

Parabel „Die Ordnung der Stachelschweine" des Philosophen Arthur Schopenhauer zeichnet dieses Dilemma nach und versucht es zu lösen. Durch einen guten Ausgleich von Nähe und Distanz wachsen Zuversicht und innerer Friede.

Als ein unerwartet strenger Winter ins Land gezogen war und die meisten Tiere sich zum Winterschlaf zurückzogen, suchte sich auch eine Gesellschaft von Stachelschweinen eine wärmende Höhle. Sie verschlossen den Eingang und drängten sich dicht aneinander, um sich gegen die Kälte zu schützen. Doch schon nach einiger Zeit machten sie eine ärgerliche Feststellung: In der Enge der Behausung verletzten sie sich gegenseitig mit ihren Stacheln und mussten die angenehme Temperatur mit Schmerzen bezahlen. Auf den Rat der Ältesten hin suchten sie sich eine größere Höhle. Diese bot genügend Platz, um die Stacheln auszubreiten, hatte aber den Nachteil, dass die einzelnen Tiere jetzt die nachbarliche Wärme entbehren mussten. Sie froren ganz erbärmlich. Man war gezwungen, eine neuerliche Versammlung abzuhalten, in der Folgendes beschlossen wurde: Jedes Mitglied der Stachelschweingemeinschaft solle so weit von seinem Nachbarn entfernt sein, dass es den anderen nicht verletze, aber doch wiederum gerade so nahe, dass es auch in den Genuss der Wärmeausstrahlung seines Artgenossen komme. Dieses Übereinkommen funktionierte, und der soziale Friede war wiederhergestellt.[15]

---

15 Diese paraphrasierende Bearbeitung des Textes ist zitiert nach: Lautlos schreien – unbewegt tanzen. Geschichten und Parabeln aus aller Welt, hrsg. von Marietta Till, Hammelburg 2001, S. 55. Der Originaltext findet sich in: Arthur Schopenhauer, Parerga und Paralipomena, in: ders., Sämtliche Werke, textkritisch bearbeitet und hrsg. von Wolfgang von Löhneysen, Bd. 5, Stuttgart 1965, S. 765 (§ 396).

Eine sinnvolle Aufgabe

Wie die Ergebnisse der Glücksforschung zeigen, sind es zwei Grunderfahrungen, die einen Menschen im Innersten glücklich machen: Dazugehören-Dürfen und Zeigen-Dürfen, was man kann. Eine sinnvolle Aufgabe zu haben, ist für das Erfahren von Zufriedenheit und Glück bedeutsam. Wenn wir jemanden kennenlernen, so lautet meist eine der ersten Fragen: Was machst du beruflich? Eher weniger wird gefragt: Wie war dein Lebenslauf? Was ist dir wichtig? Was ist deine politische Einstellung? Wie hältst du es mit der Religion? Im Vordergrund steht vielmehr die Frage nach der beruflichen Tätigkeit.

Vielleicht stehen wir diesbezüglich jetzt an einem Wendepunkt. Viele machen die Erfahrung, dass der Konkurrenzkampf sehr hart ist, lukrative Jobs liegen nicht einfach so auf der Straße. Wir erleben die sogenannte Wegwerfgesellschaft nicht nur im Umgang mit Ressourcen und Rohstoffen, Konsumgütern und Lebensmitteln, sondern auch im Blick auf die (Nicht-)Wertschätzung von Menschen und ihren Leistungen.

Bisher hing die soziale Anerkennung stark mit der beruflichen Tätigkeit zusammen und viele legen großen Wert auf diese Statussymbole. Erfolg, besonders im Beruf, ist das, was zählt. Dieser Drang nach Erfolg und Anerkennung bringt auch viele Menschen ins Burnout. Wir müssen lernen, dass Erfolg nur er-folgen kann, er kann nicht erzwungen werden. Wie das Glück ist er weder produzierbar noch berechenbar, sondern eher wie ein Nebeneffekt, eine Zu-gabe zur Hin-gabe, zur Auf-gabe.

Auch in den Industriestaaten, nicht nur in den wirtschaftlich benachteiligten Gegenden, stehen wir mittlerweile einem Heer von arbeitslosen Menschen gegenüber. Das zieht viele Probleme und Fragen nach sich: Wie ernähre ich meine Kinder und meine Familie? Wie kann ich das Leben trotzdem lebenswert und sinnvoll gestalten? Und weitaus drängender ist die Frage: Hat mein Leben noch Bedeutung für die Gesellschaft, für die Gemeinde, in der ich lebe? Hat es noch einen Sinn?

Wir werden gut daran tun, uns vermehrt nach Aufgaben mit Sinn umzusehen. Und da gibt es viele, die für das menschliche Zusammenleben eine hohe Bedeutung haben. Die sogenannten Heldinnen und Helden während der Pandemiekrise haben uns bewusst gemacht, worauf es wirklich ankommt. Es sind oft Berufe und Aufgaben, die wir im Alltag bisher wenig schätzten, wenig wahrnahmen, wenig bedankten.

Ein Umdenken wird notwendig sein: Welche Aufgaben sind für eine Gesellschaft wirklich wichtig? Welche Aufgaben brauchen wir, wenn eine Krise in unser Leben hereinbricht? Eine sinnvolle Aufgabe ist nicht gleichbedeutend mit einem guten Job, bei dem ich viel verdiene. Angenehm, wenn sich diese beiden Dinge decken. Entscheidend ist aber die Zuwendung zu sinnvollem Tun, zu einer Tätigkeit, die gebraucht wird und der Gemeinschaft dient. Was kann ich für andere tun? Diese Frage hilft anderen und mir selbst. Wenn jeder Mensch seine Fähigkeiten einbringt, hat die Gemeinschaft alles, was sie zur guten Existenz braucht. Seine Berufung leben führt zu Gemeinwohl. Auch wer nur ganz wenig Spielraum hat neben einer Arbeit, die vielleicht nicht glücklich macht, kann etwas für die Gemeinschaft tun. Jede noch so kleine Tat ist wertvoll.

Vertrauen schenken

Die Themenwahl für einen Wirtschaftsempfang hat mich überrascht. Der international anerkannte und vielfach ausgezeichnete Wirtschaftswissenschaftler Ernst Fehr hat ausgerechnet über „Vertrauen" gesprochen. Er meinte, dass das Vertrauen einer der wichtigsten Faktoren für die Wirtschaft sei. Das Vertrauen der Menschen in die Industrie und in die Wirtschaft ist eine Grundlage für Wohlstand und für ein funktionierendes Miteinander. Besonders wichtig ist dieses Vertrauen gerade auch in der für die gesamte Menschheit überlebenswichtigen Frage des guten Ausgleichs von Schöpfungsverantwortung, Schutz der Ressourcen der Erde und der wirtschaftlichen Entwicklung in einer Region.

„Die größte Ehre, die man einem Menschen antun kann, ist die, dass man zu ihm Vertrauen hat", meint Matthias Claudius (1740–1815). Im zwischenmenschlichen Leben ist das Vertrauen eine der kostbarsten Brücken zum anderen Menschen. Vertrauen bedeutet ein Gefühl von Wahrhaftigkeit, Wertschätzung und Echtheit und ist eine tragende Säule für das Miteinander. Gerade in der Auseinandersetzung mit großen weltpolitischen Themen wie Asyl und Flucht, Wirtschaft oder Klimawandel ist das Vertrauen in die politisch Handelnden entscheidend: Haben die Menschen das Gefühl, dass sie in die Expertise und Kompetenz der führenden Frauen und Männer Vertrauen haben können?

Vertrauen-Können ist ein wichtiges Grundgefühl für das Wohlbefinden eines Menschen. Vertrauen hat positive Auswirkungen auf Gesundheit, Beziehungen und auch auf die Arbeitssituation. Im persönlichen Bereich zeigt sich Vertrauen auch in der Offenheit, sich jemandem gegenüber verletzlich zu zeigen – auch in der Hoffnung, dass ich trotzdem wertgeschätzt werde. „Geliebt wirst du einzig, wo du schwach dich zeigen darfst, ohne Stärke zu provozieren", meint Theodor W. Adorno.[16]

Freude bereiten

Eine Grundregel der Existenzanalyse lautet: Sinn wird durch Selbsttranszendenz genährt, also durch den Blick über meine unmittelbaren eigenen Bedürfnisse und Grenzen hinaus. Der Blick auf eine sinnvolle Aufgabe oder auf andere Menschen lassen den Grundwasserspiegel von Sinn in meinem Leben steigen.

Ein Gastwirt, der in der Zeit der Corona-Krise vom wirtschaftlichen Totalstopp stark betroffen war, meinte zu mir, gerade in dieser Situation wäre es wichtig, einmal auf die Bedeutung des Lächelns hinzuweisen. Das Lächeln, das Freude-Bereiten komme in dieser Zeit zu kurz. Jeder rede nur mehr von Abstand halten, von „Social Distancing", dabei wäre „Physical Distancing", also körperlicher Abstand, doch völlig ausreichend. Er glaubt, dass die Seele des Menschen Freude und seelische Verbundenheit brauche. Wenn wir jemandem Freude bereiten, erfüllt uns das selber mindestens ebenso mit Freude.

Kürzlich beobachtete ich den kleinen Kilian, wie er für seine Uroma Blumen pflückte. Hahnenfuß und Löwenzahn, also Blumen, die viele vielleicht eher als Unkraut bezeichnen würden. Aber die Begegnung war einfach berührend. Der

---

16 Theodor W. Adorno, Minima Moralia. Reflexionen aus dem beschädigten Leben, in: ders., Gesammelte Schriften, Bd. 4, hrsg. von Rolf Tiedemann, Frankfurt/Main 1997, S. 218 (Aphorismus 122).

Vierjährige strahlte eine Riesenfreude aus, weil er einen Blumenstrauß schenken konnte. Und die Uroma hat sich über die sonnig-gelben Wiesenblumen mehr gefreut als über den üppigsten Rosenstrauß.

Humor und Lachen

Eine der Grundlagen der Existenzanalyse ist die Selbstdistanzierung, also das Finden einer inneren Distanz zur Welt und zu den Problemen, die mich beschäftigen. Dabei dient der Humor als ein genialer Weg zur inneren Freiheit. Im Humor steckt eine subversive Kraft gegenüber politischen und gesellschaftlichen Zwängen und Engführungen. Er relativiert die Wirklichkeit, weil er die größeren Zusammenhänge wahrnimmt und nicht auf ein einzelnes Problem fixiert bleibt. So sind Humor, Glaube und Zuversicht eng miteinander verwandt. Humor verändert die Einstellung zu bestimmten Aspekten des Lebens. Distanz und Kontrast ermöglichen erst den Humor. Deshalb gehören das Lachen-Können und der Humor zu den wirksamsten Therapeutika oder „Medikamenten", wie Viktor Frankl immer wieder betont hat. Viele Lebenssituationen können mit Humor besser gemeistert werden. Letztendlich fußt der Humor auch in einer inneren Sicherheit, mit etwas Größerem verbunden zu sein als nur mit dem, was mich gerade beschäftigt.

Als anschauliches Beispiel dafür verweist Frankl auf das Auge. Ein Auge, das sich selber sieht, ist krank, die Trübung der Augenlinse trübt den Blick auf das Leben. Ein gesundes Auge hingegen verbindet mich mit der großen Welt, es ist so etwas wie ein Schlüssel zur Selbsttranszendenz. Diese Selbsttranszendenz ist die Voraussetzung, um auch eine belastende Situation mit einer gewissen Gelassenheit zu sehen. Gläubige Menschen, Menschen, die die Haltung der Selbsttranszendenz haben, die auch die Fähigkeit kennen, sich von sich selbst zu distanzieren und innerlich frei zu sein, die auch über sich selbst lachen können, sind Menschen, die wir als humorvoll bezeichnen.

Oft habe ich erlebt, dass Humor eine Hilfe ist, um aus einer Sackgasse des Lebens zu finden. Manchmal ist er vielleicht sogar eine Lücke, die mir hilft, einen völlig neuen Zugang zu einer Situation zu finden. Studien belegen, dass Heiterkeit und Freude unempfindlicher gegen Schmerzen machen. Angst und Humor sind Oppositionspärchen.[17] Vor allem ist das gemeinsame Lachen etwas, das Endorphine, körpereigene Glückshormone, freisetzt. Es ist immer ein erster Schritt zur Heilung, wenn jemand über das Problem, das ihn niederdrückt, auch lachen kann. Im Grunde wissen wir es ja: Was uns heute vielleicht Sorgen und Ärger bereitet – ein verpatzter Urlaub oder ein versäumter Zug –, liefert schon in wenigen Tagen Stoff für lustige Erzählungen.

Befreiende Tränen

Wer vor anderen in Tränen ausbricht, wird in unserer Kultur leicht als schwach und wehleidig abgestempelt. Da kann man Bemerkungen hören wie: „Reiß dich zusammen!" oder „Ist doch nicht so schlimm!" In therapeutischen Gesprächen ist das Weinen-Können jedoch meist der Durchbruch zu einem neuen Weg. Der große Arzt Paracelsus (1493–1541) meinte,

---

17 Elisabeth Lukas, Rendezvous mit dem Leben. Ermutigungen für die Zukunft, München 2000, S. 30.

dass der Mensch die beste Arznei für den Menschen sei. Menschen brauchen Menschen, die ihnen zuhören, die ihnen auch den Raum für die Gefühle der Traurigkeit geben. „Der höchste Grad der Arznei ist die Liebe", so Paracelsus.

Wir kennen Tränen der Freude, aber auch Tränen im Grenzland von Leid und Tod, wo unsere Sprache an die Grenze kommt. Tränen schmecken oft bitter und doch tut es gut, das Bittere herauszuweinen. Es löst den Schmerz. Tränen entlasten, klären den verschwommenen und getrübten Blick, sie reinigen. Durch das Weinen kommt Trost in unser Leben, der Trost der Tränen. Sie lassen am Horizont Zuversicht erahnen. Theologinnen und Theologen, Mystikerinnen und Mystiker bezeichnen Tränen als das „Grundwasser unserer Seele". Augen, die geweint haben, sehen mehr, sie sehen klarer, wie es auch im Gedicht von Petrus Ceelen durchklingt:

Mit anderen Augen sehen[18]

Im Krankenbett
siehst du mehr als
in der Hängematte.

Im Rollstuhl
siehst du mehr als
im Rolls-Royce.

Auf der Anklagebank
siehst du mehr als
auf dem Richterstuhl.

---

18 Petrus Ceelen, Augen, die geweint haben, sehen klarer. Erfahrungen im Umgang mit Leid, Würzburg 2017.

Bewegung in der Natur

Oft stellt sich die Frage: Wo begegnet mir Gott? Und viele Menschen antworten: Gott kann ich in der Natur erleben. Die Mutter Erde, die Schöpfung ist das, was uns umgibt und gleichzeitig sind wir ein Teil der Schöpfung. Das verdeutlicht Papst Franziskus immer wieder. Theologen betonen häufig den Gedanken, dass Gott uns durch die Wirklichkeit umarmt, in der wir leben. Eine Wanderung durch die Natur kann die Erfahrung einer Umarmung Gottes sein. Ich werde umarmt von Hoffnung, von neuer Perspektive, von einem frischen Atem, der mir Zuversicht gibt. So ist die Natur für viele Menschen und auch für mich persönlich wie ein begehbares Medikament[19] der Zuversicht. Die Wüste ist ein besonderer Ort der Erfahrung Gottes, auch der Erfahrung der eigenen Grenzen und Tiefen. Genauso kann eine Wanderung durch einen sattgrünen Wald die Erfahrung vermitteln, dass sich das Leben durchsetzt, dass das Gute, Rettende immer wieder stärker ist als alle Zerstörung und alles Niederdrückende. Der Aufenthalt und das Bewegen in der Natur ist ein Weg zur Zuversicht, wo wir lernen, wie Friedrich Hölderlin es ausdrückt: „Wo Gefahr ist, wächst das Rettende auch."

---

19 Den Begriff „begehbares Medikament" prägte Landesrat Christian Bernhard bei der Neueröffnung der Kapelle im Landeskrankenhaus Bregenz am 16. 11. 2018.

Wandern und Sport

Es ist medizinisch vielfach erwiesen, dass Sport und Wandern unsere Hirnabläufe positiv beeinflussen. „Wandern fördert, wie jeder Ausdauersport, unsere körperliche Fitness und führt zu allgemeiner Leistungssteigerung. Es verbessert den Stoffwechsel, stärkt das Immun- und Hormonsystem, fördert Muskelkraft und Ausdauer […], regt die Blutbildung an und ist das beste Mittel zur Gewichtsreduktion"[20], so der bekannte Psychiater Reinhard Haller. Körperliche Anstrengung aktiviert all jene Strukturen, in denen das Belohnungssystem unseres Körpers zuhause ist. Ein Anstieg des Dopaminspiegels bewirkt Wohlgefühl. Experimente haben gezeigt, dass nach etwa 30 Minuten Wandern oder Sport dieselben Wirkungen eintreten wie durch autogenes Training oder andere Methoden der Entspannung. Man kommt in einen gelassenen und ruhigeren Zustand.

Deshalb empfehlen Mediziner wie Psychologen, gerade in Zeiten der Anspannung und der Krise, die negative Energie, die oft Ursache für Depressionen, Erschöpfung und Sucht ist, durch körperliche Anstrengung wie Wandern oder Sport abzubauen. Die jahrhundertealte Tradition der Exerzitien lehrt uns, dass wir durch körperliches Wandern auch die Räume der Seele durchwandern. Ein Blick in die Bibel zeigt, dass das Zurücklegen langer Wege, wie etwa Wanderungen von Mose, von Propheten oder von Jesus mit seinen Jüngern, aber auch die Praxis des Wallfahrens dazu führen, dass wir zu gedanklicher Klarheit gelangen. Wandern, Wallfahren, aber auch Sport erhöhen die Fähigkeit, uns zu konzentrieren, unsere

---

20 Reinhard Haller, Wandern ist die beste Medizin. https://www.vorarlberg.travel/reinhard-haller-wandern-ist-die-beste-medizin/. Zuletzt abgerufen am 26. 5. 2020.

Gedanken zu fokussieren und so Lösungen, das Heilende in den Blick zu nehmen.

Ich kenne viele Möglichkeiten, wie ich Zuversicht finden kann. Bewegung in der Natur und sportliche Betätigung helfen mir, ganz im Jetzt zu leben und nicht unnötig im Belastenden der Vergangenheit zu wühlen oder mich vor Zukünftigem zu sorgen. Sport und Wandern bewirken, dass ich die Sorgen hinter mir lassen kann, dass ich Ärger, Emotionen und Aggressionen loslassen kann, weil ich auch körperlich Abstand davon gewinne. Es führt mich zu einer neuen Perspektive, einem neuen Blick auf die Situation und so erlebe ich oftmals einen Blick der Zuversicht. In vielen therapeutischen und geistlichen Begleitungsprozessen habe ich entdeckt, dass die ausgiebige Bewegung, das bewusste auch körperliche Loslassen des Problems zu neuer Lebensfreude und Energie führen.

Gesunder Schlaf

„Der Herr gibt es den Seinen im Schlaf" (Ps 127,2)[21]. Über dieses Bibelwort wird gerne spöttisch gelächelt. Manchmal beinhaltet dieser Ausspruch auch die leise Kritik, dass sich jemand durchaus etwas engagierter einsetzen könnte. Doch der Schlaf ist eine fundamentale Quelle für Kraft, Regeneration und Kreativität.

Viele biblische Geschichten bringen zum Ausdruck, dass der Schlaf auch ein Ort der Begegnung mit Gott sein kann. Es sind nämlich oft Träume, die eine Botschaft Gottes bringen, sie verändern Lebenswege. So ist der Schlaf auch eine Brücke

---

21 Zitiert nach der Einheitsübersetzung 1980.

zwischen Gott und den Menschen. Man könnte ihn vielleicht sogar als eine Art „Nabelschnur" bezeichnen, die uns mit dem Göttlichen verbindet, einem Ort für Träume und Inspiration.

Auch medizinisch gesehen hat der Schlaf eine lebenswichtige Funktion. Menschen wie Tiere brauchen ihn zum Überleben. Darum wird Schlafentzug sogar als Foltermethode eingesetzt. Schlafmangel macht gefügig, raubt Orientierung, Kraft und Freiheit.

In der spirituellen Tradition verweist der Traum auf die ganzheitliche Dimension des Menschen. Er ist der bewussten Steuerung entzogen und dadurch besonders offen für die Gottesbegegnung und den Aspekt der Gnade. So hat der Traum als „Hüter des Schlafes" große Tradition in der Mystik. Auch beim Finden der persönlichen Berufung wird dem Traum hohe Bedeutung beigemessen. Der Schlaf ist ein weiter See von Zuversicht, in dem meine Seele täglich ruhen darf und muss.

Reflexion und Gespräch

Der Mensch unterscheidet sich von anderen Lebewesen vor allem durch die Fähigkeit der Reflexion. Was immer wir an Freudigem oder Sorgenvollem erleben, wir denken darüber nach, können es deuten, einordnen oder uns mit anderen darüber unterhalten. Was aber braucht es, damit uns dieses Nachdenken in Richtung Zuversicht führt?

Verstehbarkeit

Warum? Das ist meist unsere erste Frage, wenn uns etwas widerfährt. Viktor Frankl meinte, dass uns die Frage des *Warum* nicht weiterführt. Das *Warum* hat den Blick nach rückwärts gerichtet, in die Vergangenheit. Das *Wozu* sei die entscheidendere Frage. Es schaut nach vorne, auf die Zukunft. Und doch kommen wir nicht darum herum, eine Situation oder die Umstände zu verstehen. Wenn ich verstehe, warum ich eine Aufgabe übertragen bekomme, werde ich mich leichter tun, sie zu erfüllen. Wenn ich verstehe, warum es in meiner Partnerschaft immer wieder zu Auseinandersetzungen kommt, werde ich leichter eine konstruktive Lösung finden können u. v. m. In der Therapie wie in der Seelsorge ist es daher ein erster entscheidender Schritt, eine Situation zu verstehen. Einsicht ist ein erster Schritt in Richtung Akzeptieren oder Verändern. Was ich verstehe, kann dann auch Sinn machen. Verstehbarkeit hilft uns dabei, zu strukturieren und zu ordnen.

Gestaltbarkeit

In jeder Situation gibt es Schicksalhaftes, das ich nicht ändern kann. Immer findet sich aber auch ein Stück von Freiheit: die Art und Weise, wie ich darauf reagiere und wie ich damit umgehe. Was ist mein Freiraum in einer Herausforderung, in einer Lebenssituation? Wo ist mein Spielraum? Wie kann ich diese Aufgabe, diese Zumutung, dieses Schicksal gestalten? Und daraus folgt die Frage: Woher nehme ich meine Kraft? Was sind meine Stärken, die bisher hilfreich waren? Und natürlich die Frage: Wer hilft mir?

Bedeutsamkeit

Damit sind wir bei der Frage nach dem *Wozu*: Welche Bedeutung hat ein bestimmtes Ereignis für mein Leben? Ich bin davon überzeugt, dass viele Aufgaben, Begegnungen, Anfragen, die uns das Leben laufend stellt, eine tiefere Bedeutung haben. Es gibt im Grunde nichts Zufälliges. Ich darf daran glauben, dass Gott den Weg meines Lebens fügt, dass er mit mir ist. So kann ich einer Situation Bedeutung und Sinn abgewinnen. Ich kann ihr vielleicht ein neues Gewicht, eine neue Farbe verleihen. Und hier stellt sich die Frage: Was motiviert mich? Wer motiviert mich? Wofür möchte ich mich engagieren? Warum lohnt es sich, diese Arbeit zu tun? Oder vielleicht auch die Frage: Ist diese Herausforderung eine Einladung, zu wachsen?

Die Klarheit der Reflexion wächst mit dem Austausch. Ein hilfreiches Gespräch ist eine wesentliche Stütze. Aus einem diffusen, vielleicht belastenden Gefühl wird ein klarer Gedanke, eine wertvolle Einsicht. „Viel hat erfahren der Mensch, seit ein Gespräch wir sind und hören können voneinander" (Friedrich Hölderlin).

Im Beten Kraft und Trost finden

Eine unerschöpfliche Quelle der Zuversicht ist das Gebet. Der Innsbrucker Dogmatik-Professor Lothar Lies SJ (1940–2008) hat die Struktur des christlichen Gebetes theologisch analysiert und wesentliche Elemente beschrieben: heilsame Erinnerung, vertrauensvolles Bitten, geheimnisvolle Gegenwart Gottes und dankender Lobpreis.

Heilsame Erinnerung

Im Blick auf meine persönliche Lebensgeschichte kann ich Momente der Gotteserfahrung entdecken, ebenso aber auch Momente der Gottesferne. Wann konnte ich die „Umarmung" Gottes in meinem Leben spüren? Gibt es Situationen, von denen ich sage: Da war Gott präsent, da hat er mich getragen? Solche Elemente der heilsamen Erinnerung lassen das

Vertrauen wachsen, dass ich auch in Zukunft darauf zählen kann, dass Gott mit mir ist. Die vielen Begegnungen Jesu mit Menschen, die sich nach Hilfe sehnen, zeigen, dass es zum Wesen Gottes gehört, sich dem Menschen in seiner Sorge, in seiner Not und in seiner Sehnsucht zuzuwenden.

In einer Tageszeitung werden immer wieder Paare vorgestellt, die schon 50 oder 60 Jahre miteinander verheiratet sind. Mich beeindrucken diese Berichte, weil die Jubilare meistens gemeinsam auf ihr Leben zurückschauen und sich daran erinnern, was sie an Gutem und Schönem miteinander erlebt haben. Oft ist in diesen Statements auch ein Dank an Gott und an die Fügung enthalten. Diese heilsame Erinnerung an den Weg mit Gott und miteinander gibt Perspektive und Kraft für die Zukunft.

Eine Übung, zu der ich bei Exerzitien mit jungen Erwachsenen gerne anrege, ist eine bildhafte kreative Darstellung des eigenen Glaubensweges. Ich lade sie ein, ihren persönlichen Glaubensweg zu reflektieren und jene Punkte darzustellen, an denen sie das Gefühl und die Sicherheit hatten, Gott begegnet zu sein, von ihm getragen und gestärkt zu werden. Diese „Kunstwerke" werden dann oft zu berührenden Glaubenszeugnissen für andere. Auch ermutigen sie, den Weg des Glaubens weiterzugehen, weil daraus viel Kraft gewonnen wurde.

Eine ehrenamtliche Mitarbeiterin in der Hospizbewegung, die vor allem Eltern und Kinder im Sterben begleitet, wurde in einem Interview gefragt, wie sie es aushalten könne, so viele Stunden an Sterbebetten von Kindern zu verbringen. Sie erzählte dann diese manchen wohl bekannte Geschichte von den „Spuren im Sand". Eine Erzählung, die oft gehört wird, weil sie vermutlich voller Kraft und Lebensweisheit ist.

Spuren im Sand

Eines Nachts hatte ich einen Traum: Ich ging am Meer entlang mit meinem Herrn. Vor dem dunkeln Nachthimmel erstrahlten, Streiflichtern gleich, Bilder aus meinem Leben. Und jedes Mal sah ich zwei Fußspuren im Sand, meine eigenen und die meines Herrn. Als das letzte Bild an meinen Augen vorübergezogen war, blickte ich zurück. Ich erschrak, als ich entdeckte, dass an vielen Stellen meines Lebensweges nur eine Spur zu sehen war. Und das waren gerade die schwersten Zeiten meines Lebens. Besorgt fragte ich den Herrn: „Herr, als ich anfing, dir nachzufolgen, da hast du mir versprochen, auf allen Wegen bei mir zu sein. Aber jetzt entdecke ich, dass in den schwersten Zeiten meines Lebens nur eine Spur im Sand zu sehen ist. Warum hast du mich allein gelassen, als ich dich am meisten brauchte?" Da antwortete er: „Mein liebes Kind, ich liebe dich und werde dich nie allein lassen, erst recht nicht in Nöten und Schwierigkeiten. Dort, wo du nur eine Spur gesehen hast, da habe ich dich getragen."[22]

Vertrauensvolles Bitten
Die Erfahrung des Getragen-Seins von Gott gibt mir den Mut zur Bitte. Ich weiß, ich habe ein Du, an das ich mich wenden kann und das meine Bitten und Sorgen hört und sieht. Die Anrufung des Geistes Gottes im Gebet verändert, sie verleiht der Sehnsucht und Hoffnung Ausdruck.

---

22 Margaret Fishback Powers, Spuren im Sand, Gießen 1996.

Wenn wir die Beziehung von Eltern zu ihren Kindern betrachten, dann können wir manchmal beobachten, wie die Kinder beim Blick in die Augen der Mutter vor Kraft und Freude erstrahlen und aufblühen. Wenn ein Kind bitterlich weint, weil es sich verletzt hat oder eine Kränkung erfahren hat, so bringt der Blick in die Augen der Mutter Heilung. Hilde Domin bringt diese Dynamik in ihrem Gedicht „Es gibt dich"[23] treffend ins Wort:

Es gibt dich

Dein Ort ist
wo Augen dich ansehn.
Wo sich die Augen treffen
entstehst du.

Von einem Ruf gehalten,
immer die gleiche Stimme,
es scheint nur eine zu geben
mit der alle rufen.

Du fielest,
aber du fällst nicht.
Augen fangen dich auf.

Es gibt dich
weil Augen dich wollen,
dich ansehn und sagen
dass es dich gibt.

---

23   Hilde Domin, Gesammelte Gedichte, Frankfurt/Main ⁵2006, S. 208.

Christliches Beten meint, diesen Blick in die Augen Gottes zu wagen. Auch die Bibel beschreibt solche heilsamen Blicke, wenn etwa Zachäus vom Maulbeerbaum herabsteigt, Jesus in seinem Haus bewirtet und sein Leben von Grund auf ändert (vgl. Lk 19,1–10).

Gottes Gegenwart spüren

Viele Menschen dürfen die Erfahrung machen, dass sie durch Gebet, Meditation und das Lesen der Heiligen Schrift die Gegenwart Gottes spüren. Sie ist letztendlich wie der Sauerstoff für die Lunge. Die Umarmung Gottes im Leben zu spüren, ist eine sprudelnde Quelle für Gelassenheit. Präsenz fordert Präsenz. Gegenwart fordert Gegenwart. Es ist auch die Einladung, sich dem kontemplativen Gebet und Leben zuzuwenden. Auch und gerade in den einfachen Verrichtungen des Alltags ist das möglich. Die Kirchenlehrerin Teresa von Ávila war davon überzeugt, dass Gott auch zwischen den Kochtöpfen ist und dort angetroffen werden kann. Das Dasein unter den Augen Gottes, das bewusste Wahrnehmen, dass er in meiner Nähe ist, bewegt mein Herz und ist ein wertvoller Anker der Zuversicht.

Dankender Lobpreis

Ich erinnere mich an die Berührungen Gottes in meinem Leben, rufe ihn in das Jetzt, spüre seine Gegenwart, das führt mich in die Freude. Tiefe innere Freude ist ein Zeichen des geborgenen Getragen-Seins durch Gott. Diese Freude drückt sich aus im gemeinsamen Feiern, Beten und Singen. Erbauende Gottesdienste sind Ausdruck dieser Freude und machen sie erfahrbar. Das fast völlige Fehlen gemeinsamer Gottesdienste während der Corona-Krise oder auch in entlegenen Gebieten dieser Erde macht den großen Wert dieses dankbaren Feierns neu bewusst. Das Feiern führt mich zu dem, was Viktor Frankl „Selbsttranszendenz" nennt. Meine Welt endet nicht am Horizont, sondern ich bin Teil eines großen Geheimnisses, das wir Gott nennen (vgl. Karl Rahner).

Narben stärken Widerstandskraft

„Berühre die Wunden." So überschreibt der Prager Theologe und Soziologe Tomáš Halík sein Buch über Leid, Vertrauen und die Kunst der Verwandlung.[24] Darin bringt er ein Geheimnis des Lebens zum Ausdruck, dass Wunden, die heilen, auch Zeichen und Ursache von Kraft werden können. Sie werden zu Ressourcen für den weiteren Lebensweg.

Die Bibel berichtet von der Haltung Jesu, der die Wunden der Menschen berührt hat. Er hat sie eingeladen, ihre Wunden zu zeigen. Die empfindliche Verletzbarkeit und Ohnmacht der Wunde wird so zu einem Ort der Gnade, an dem Gott seine Zuwendung und Liebe zeigen kann. So können Wunden, die heilen, Kraftquellen für den Weg in die Zukunft werden. Im Laufe eines Lebens eignen wir uns verschiedene Strategien zur Bewältigung von Leid, Ohnmacht und Schwäche an. Die folgende Erzählung bringt das anschaulich zum Ausdruck.

Das Böse wollen – das Gute schaffen

Durch eine Oase ging ein finsterer Mann, Ben Sadok. Er war so gallig in seinem Charakter, dass er nichts Gesundes und Schönes sehen konnte, ohne es zu verderben.

---

24 Tomáš Halík, Berühre die Wunden. Über Leid, Vertrauen und die Kunst der Verwandlung, Freiburg 2019.

Spielende Kinder verdunkelten sein Gemüt, und nicht einmal der Strahl der Morgensonne konnte ihn aufheitern. Am Rand der Oase stand eine junge Palme im besten Wachstum. Die stach dem finsteren Mann in die Augen. Er nahm einen schweren Stein und legte ihn der jungen Palme mitten in die Krone. Mit einem bösen Lachen ging er nach dieser Heldentat weiter. Die junge Palme schüttelte sich und bog sich und versuchte, die Last abzuwerfen. Vergebens. Zu fest saß der Stein in der Krone. Da krallte sich der Baum tiefer in den Boden und stemmte sich gegen die steinerne Last. Er senkte seine Wurzeln so tief, dass sie die verborgene Wasserader der Oase erreichten und stemmte den Stein so hoch, dass die Krone über jeden Schatten hinausreichte. Wasser aus der Tiefe und Sonnenglut aus der Höhe machten eine königliche Palme aus dem jungen Baum. Nach Jahren kam Ben Sadok, der Finstere, wieder, um sich an dem Krüppelbaum zu freuen, den er verdorben. Er suchte vergebens. Da senkte die stolze Palme ihre Krone, zeigte den Stein und sagte: „Ben Sadok, ich muss dir danken, deine Last hat mich stark gemacht."[25]

Lebenssituationen, die wir gemeistert haben, Wunden, die geheilt sind, schenken uns die Zuversicht, dass das auch im Heute möglich ist. Eine Wunde kann so in eine kostbare Perle verwandelt werden. Wo wir verwundet sind, kommen wir in Kontakt mit unserer eigenen Tiefe, mit der Kraft des Unbewussten. Die Zerbrechlichkeit, die mir in solchen Situationen bewusst wird, macht mich sensibler, menschlicher und barm-

---

25 Marietta Till, Lautlos schreien – unbewegt tanzen. Geschichten und Parabeln aus aller Welt, Hammelburg 1992.

herziger, aber auch kraftvoller und zuversichtlicher. Wo ich mit meinen Fähigkeiten und Stärken in Berührung komme, da entdecke ich vielleicht auch meinen Auftrag und die Berufung für mein Leben.

Wer nach wissenschaftlichen Befunden dazu sucht, trifft zwangsläufig auf die sogenannte Resilienzforschung. Sie beschäftigt sich mit der Frage, was Menschen gegen Krisen widerstandsfähig macht. In der Psychotherapie werden Menschen als resilient bezeichnet, die Krisen gut verarbeiten können und ohne posttraumatische Belastungsstörungen überstehen.

Eine Reihe von Faktoren können die seelische Widerstandskraft fördern: Optimismus, Kontaktfreudigkeit, stabile Familie und guter Freundeskreis, Verwurzelung in einem starken religiösen Vertrauen und Glauben usw.[26] Ein weiterer entscheidender Faktor sind bereits überstandene Krisen. Resilienz ist keine angeborene Charaktereigenschaft, sie ist eine dynamische innere Kraft, die in den verschiedensten Situationen des Lebens wächst, vergleichbar mit dem menschlichen Immunsystem. Um Abwehrkräfte zu bilden, muss man den Krankheitserregern zuerst ausgesetzt sein – natürlich, wie bei einer Impfung, im richtigen Maß. Wer noch nie mit psychischen Belastungen konfrontiert war, den wird eine erste Beziehungskrise oder ein berufliches Problem vielleicht aus der Bahn werfen. Wer hingegen schon ein gewisses „seelisches Immunsystem" hat, kann mit den Krisen des Lebens leichter umgehen. Das zeigen uns auch große Persönlichkeiten wie Martin Luther King, Nelson Mandela, Carl Lampert, Malala Yousafzai u. v. m.

---

26   Vgl. Christina Bernd, Resilienz. Das Geheimnis der psychischen Widerstandskraft, München 2013.

Sakramente, heilige Zeichen

Der Name Gottes, den dieser Mose beim brennenden Dornbusch offenbart, beinhaltet zugleich das Programm, ja die „Verfassung" der Beziehung Gottes zu den Menschen. Gott gibt hier die unwiderrufliche Zusage: „Ich bin, der ich bin" (Ex 3,14) oder, wie es Martin Buber übersetzt: „Ich bin dort, wo du bist." Alle Elemente der christlichen Religion haben ihren Ursprung in diesem Bundesversprechen.

Ein Ausdrucksmittel, wie diese Zusage der Nähe Gottes gefeiert wird oder in den verschiedensten Lebenssituationen zum Ausdruck kommt, sind die Sakramente. Als heilige Zeichen bekräftigen und erneuern sie diese Beziehung, machen sie an markanten Wendepunkten des Lebens sichtbar und vermögen so Zuversicht und Lebenskraft zu stiften. Wenn Menschen ein Sakrament feiern, dann geschehen Dinge, die nicht nur mit rein weltlichen Maßstäben zu erklären sind, es sind heilige Zeichen aus dem Ewigen, aus der unendlichen Liebe Gottes.

Taufe

Dieses Sakrament nimmt uns hinein in das grenzenlose Ja Gottes. Wir sind sein Ebenbild. Sein Atem atmet in uns. Der Funke des Göttlichen wird in unser Leben gelegt und bleibt unauslöschbar. Manchmal möchten Menschen, die aus der Kirche austreten, dass ihr Name aus dem Taufbuch gestrichen wird. Abgesehen davon, dass man Geschehenes nie ungeschehen machen kann, ist das auch aus der Sicht des Geschenkes der Taufe nicht möglich. Eine Liebe, eine Zusage, die Gott geschenkt hat, kann und wird er nicht zurücknehmen. Selbst dann nicht, wenn ich persönlich dies rückgängig machen möchte.

Eucharistie

Sie ist die große Dankfeier der Kirche für das, was Gott in Jesus für uns Menschen getan hat. Sie macht die Lebenshingabe Jesu am Kreuz gegenwärtig und schenkt uns Gemeinschaft mit dem Auferstandenen. Auch in der Feier des Gedächtnisses an das Abschiedsmahl Jesu mit seinen Jüngern ist die Zusage grundgelegt, die im Matthäusevangelium zum Ausdruck kommt: „Und siehe, ich bin mit euch alle Tage bis zum Ende der Welt" (Mt 28,20). Die Eucharistie ist eine Zusammenfassung der Haltung Jesu während seines ganzen irdischen Lebens. Zuwendung, Respekt und Wertschätzung aller Menschen ist sein Lebensprogramm. Eine lebenspraktische Interpretation des Abendmahls ist die Fußwaschung. Jesus beugt sich nieder, um uns groß zu machen und um damit Freude und Hoffnung in unser Leben zu tragen.

Firmung

In diesem Sakrament wird uns der Geist Gottes zugesagt. Wenn „Wurzelsünden" (s. S. 16) Zuversicht und Glück zerstören, so sind es die Gaben des Geistes, die uns als Heilmittel dagegen dienen: Weisheit, Einsicht, Rat, Erkenntnis, Stärke, Frömmigkeit und Gottesfurcht. Im Sakrament der Firmung werden uns diese stärkenden Haltungen geschenkt, die uns ein gutes und zuversichtliches Leben ermöglichen.

Ehe

Menschen sagen Ja zueinander ohne Bedingung. Nicht umsonst wird das Ja bei der Ehe als dem Sakrament des Miteinanders von der Theologie als Bild und Symbol für das unbegrenzte Ja Gottes zu uns gesehen. Es gehört zum Innigsten und Wertvollsten im Leben jedes Menschen, wenn jemand Ja zu ihm sagt, ohne Einschränkungen und Vorbehalte, ein Ja zu mir, so wie ich bin und wie ich einmal sein werde. Es ist ein Geschenk, dass da jemand ist, der zeitlebens Verantwortung für mich übernehmen möchte, weil er sich mit mir vertraut gemacht hat.

Priesterweihe

Wenn Menschen im Sakrament der Priesterweihe den Auftrag übernehmen, Gottes Liebe und seine Zuwendung zu den Menschen mit ihrem Leben in Erinnerung zu bringen, so ist das nicht einfach ein Job wie jeder andere. Es ist die Aufgabe, diese Erinnerung an Gottes Güte durch das Gebet, die Nächstenliebe, die Zuwendung zu den Armen und die Feier der Sakramente immer neu wachzuhalten und darzustellen.

Versöhnung

Ein weiteres Element dieses Treueversprechens Gottes ist das Sakrament der Versöhnung. Auch wenn wir Schuld auf uns laden, Verletzungen und Zerstörung verursachen, stehen uns Versöhnung und Neuanfang offen. Nichts kann uns aus der Barmherzigkeit Gottes herausfallen lassen. Neuanfang, ein „Reset" in der Sprache der Computertechnik, ist jederzeit möglich. Zudem baut Versöhnung neue Brücken zu Menschen.

Krankensalbung

Krankheit, Zerbrechlichkeit und Sterblichkeit gehören zum Menschsein. Das macht uns zu schaffen und führt uns unsere Ohnmacht und unsere Grenzen unerbittlich vor Augen. Doch auch hier zieht sich Gott nicht zurück, ganz im Gegenteil. Die Salbung mit dem Krankenöl bringt zeichenhaft zum Ausdruck, gerade auch in meiner Ohnmacht ist Gott an meiner Seite, auch in meiner Hinfälligkeit kann ich auf ihn bauen.

Neue und alte Hoffnungsträume: Die Bibel, eine unerschöpfliche Hoffnungsquelle

Er griff aus der Höhe herab und fasste mich,
zog mich heraus aus gewaltigen Wassern. ...
Er führte mich hinaus ins Weite,
er befreite mich,
denn er hatte an mir Gefallen. ...
Ja, du lässt meine Leuchte erstrahlen,
der HERR, mein Gott, macht meine Finsternis hell. ...
Mit meinem Gott überspringe ich Mauern.
Aus Psalm 18

Die Bibel ist ein vielgelesenes und doch auch ein unbekanntes Buch. Wenn wir die heiligen Schriften zur Hand nehmen und zum Beispiel einen Psalm, einen Abschnitt aus dem Evangelium oder die Texte des Sonntagsgottesdienstes lesen, dann können wir darin die Stimme Gottes selber vernehmen. So wird die Bibel zu einer unerschöpflichen Quelle der Hoffnung: Gott geht alle Wege und Umwege mit seinem Volk – mit uns, mit dir und mir – und er hält den Bund, den er mit uns geschlossen hat.

Gottes Wort wirkt

Seit Jahrtausenden versammeln sich Menschen, um die Texte des Alten und Neuen Testaments zu hören, über sie nachzudenken und sich zu fragen: Was bedeutet die Botschaft der Bibel für mich heute? Die Bibel ist kein Buch für wenige Auserwählte. Sie ist vielmehr *unser* Buch.[27] Wenn wir das Wort Gottes hören oder lesen, dürfen wir darauf vertrauen: Gottes Wort wirkt. Es berührt, ermutigt, tröstet und fordert heraus: zum Umdenken, zur Umkehr, besonders aber auch zur Nächstenliebe. Zudem ist das Hören der biblischen Botschaft wie ein Gespräch: Gott spricht uns an und verwandelt uns. Und wir antworten, indem wir versuchen, sein Wort in unserem Alltag zu leben.

Wort und Leben

Nicht verstaubte Geschichten von gestern, sondern eine Botschaft für heute, für dein und mein Leben hören wir in den biblischen Texten. „*Heute* hat sich das Schriftwort, das ihr eben gehört habt, erfüllt", sagt Jesus ganz zu Beginn seines

---

27 Vgl. Papst Franziskus, Aperuit illis, Apostolisches Schreiben zur Einführung des Sonntags des Wortes Gottes (2019), Nr. 4.

Wirkens (Lk 4,21). Der Glaube kommt vom Wort Gottes, das wir hören, schreibt der Apostel Paulus (vgl. Röm 10,14–18). Wer die Worte der Heiligen Schrift hört, vernimmt die Stimme Gottes selbst, der uns anspricht. Er lädt uns dazu ein, dass wir uns davon berühren lassen und danach leben. Denn letztlich entscheidend ist das 5. Evangelium: das Evangelium des eigenen Lebens.

Auf den nun folgenden Seiten möchte ich Sie zu einem Streifzug durch einige dieser Hoffnungserzählungen der Bibel einladen.

Ein Streit unter Brüdern [Josef]

Josef, der Jüngste, der Nachzügler. Er ist der Stolz seines Vaters Jakob. Alles darf sich der Kleine erlauben. Ein Träumer ist er, ein Luftikus. Er fühlt sich wohl als etwas Besseres. Seine zehn Brüder ärgern sich über diese Ungerechtigkeit, sie fühlen sich zurückgesetzt, sind neidisch. Die harte Arbeit mit den Viehherden bleibt an ihnen hängen. Und sie denken sich einen Plan aus. Ein „Unfall" könnte die leidige Konkurrenz aus der Welt schaffen. Und so nimmt die Geschichte ihren Lauf (vgl. Gen 37–50).

Josef wird in die Zisterne geworfen, als Sklave nach Ägypten verkauft, an den Obersten der Leibwache des Pharaos. Doch der Segen Gottes liegt auf Josef und auf allem, was er tut, und der Oberste der Leibwache macht ihn zu seinem Verwalter. Aber auch dessen Frau hat ein Auge auf Josef geworfen. Der jedoch weist sie zurück und flieht, und so beschuldigt sie Josef des Übergriffs, worauf er in den Kerker geworfen wird. Doch auch hier ist der Herr mit Josef. Durch seine Verlässlichkeit und sein Geschick wird er zum Helfer des Kerkermeisters. Dem obersten Mundschenk und dem Oberbäcker des Pharaos, die beide wegen Vergehen im Kerker sind, kann Josef ihre Träume deuten. Und so, wie von Josef vorhergesagt, wird der eine vom Pharao wieder als Mundschenk eingesetzt, der andere jedoch hingerichtet.

Glück und Unglück, erfreuliche und bedrückende Ereignisse prägen auch das weitere Leben Josefs. Er fristet weiterhin sein Leben im Kerker. Zwei Jahre später hat der Pharao einen Traum. Darin sieht er sieben schöne und fette Kühe, die aus dem Nil steigen. Ihnen folgen sieben hässliche und magere Kühe, welche die fetten Kühe auffressen. Keiner der Weisen und Wahrsager Ägyptens vermag die Träume des Pharaos zu deuten. Da erst erinnert sich der Obermundschenk wieder an Josef, der seinen Traum gedeutet hatte, und er berichtet dem Pharao davon. Der Pharao lässt Josef holen und erzählt ihm nun seinen Traum. Gott habe dem Pharao seine Vorhaben angekündigt, deutet Josef den Traum: Es werden sieben Jahre kommen, in denen großer Überfluss herrscht, darauf werden sieben Jahre mit großen Hungersnöten folgen. Und Josef gibt ihm den Rat, in den sieben guten Jahren Vorräte anzulegen, um die Zeit des Hungers zu überstehen. Und der Pharao beauftragt Josef mit der Verwaltung und Bevorratung seines Reiches.

Die Geschichte geht noch weiter. In der Zeit der großen Hungersnot reisen auch Josefs Brüder nach Ägypten, um hier Getreide zu kaufen. Josef gibt sich zunächst nicht zu erkennen, stellt seine Brüder auf die Probe. Erst bei ihrer zweiten Reise nach Ägypten, um neuerlich Getreide zu kaufen – diesmal ist auf Josefs Anweisung auch ihr jüngster Bruder Benjamin mitgekommen –, gibt er sich als ihr Bruder zu erkennen. Reich beschenkt kehren sie schließlich zu ihrem Vater Jakob nach Kanaan zurück, um auch ihn und ihre Familien nach Ägypten zu bringen.

Die Josefserzählung ist ein Stoff, aus dem man Romane macht. Thomas Mann ist dies gelungen. Er schildert den tiefen Brunnen der Vergangenheit, aus dem Träume kommen. Träume sind Freunde, die uns leiten und uns spüren lassen, dass das Unterbewusste mehr weiß als wir ahnen. Es ist eine Geschichte vieler Träume, die immer wieder neue Wege in die Zukunft öffnen. Diese biblische Erzählung ist eine Lebensgeschichte, die man sich nicht hätte ausdenken können. Wenn ich am Beginn meines Lebens stehe, dann ist es nie möglich, meinen Weg vorauszusehen. Gott sei Dank. Aber die Josefsgeschichte zeigt, dass das Leben zwar nach vorwärts gelebt wird, aber erst im Rückblick verstanden werden kann (vgl. Sören Kierkegaard). Alle Schritte – die guten, aber auch die moralisch fragwürdigen – haben dazu geführt, dass das Volk Israel letztendlich eine gewaltige Hungersnot überleben konnte. Im Nachhinein wird alle Qual, alle Ausgrenzung, alle Demütigung verstanden, weil sie zu diesem großen Ziel führt. Die Josefsgeschichte lädt ein zu vertrauen, dass jede Lebensgeschichte diesen Sinnfaden in sich trägt.

Das ist auch die Grundüberzeugung von Viktor Frankl, auf der er seine Existenzanalyse und Logotherapie aufbaut. Wenn ich mit dem Vertrauen auf mein Leben zugehe, dass im Innersten Sinn wohnt, dann schenkt mir das eine großherzige Haltung von Gelassenheit und Zuversicht. Die Geschichte geht gut aus, weil Josef zum Verzeihenden wird. Er steht vor der Entscheidung, sich zu rächen oder seinen Brüdern zu verzeihen. Zu diesem verstehenden Rückblick auf die Geschichte lädt uns die Josefserzählung ein. Sie ist die Einladung, inne zu halten, zu verzeihen, und sie ist auch eine Zusage, dass der Weg gut weitergehen kann.

Diese Erzählung ist zudem ein Hinweis an alle Wirtschaftreibenden. Die Weisheit, die wir gerade jetzt teilweise schmerzhaft spüren: „Spare in der Zeit, so hast du in der Not." Würden Unternehmen nach diesem Grundsatz handeln, so stünde wohl auch die sich abzeichnende Wirtschaftskrise unter anderen Vorzeichen. Vernünftige Vorsorge und Reserven sind auch ein Fundament für Zuversicht.

Der große Aufbruch in die Freiheit [Mose]

Unterdrückt und ausgebeutet, wie Sklaven gehalten, so war das Volk Israel in späteren Zeiten in Ägypten. Die früheren Vorrechte waren Geschichte und längst vergessen. Und doch ist Israel nicht vergessen. „Ich habe das Elend meines Volkes in Ägypten gesehen und ihre laute Klage über ihre Antreiber habe ich gehört. Ich kenne sein Leid. Ich bin herabgestiegen, um es der Hand der Ägypter zu entreißen und aus jenem Land hinaufzuführen in ein schönes, weites Land, in ein Land, in dem Milch und Honig fließen" (Ex 3,7–8), hört Mose die Stimme Gottes aus dem brennenden Dornbusch sprechen.

Aber der Weg in die ersehnte Freiheit ist mühsam und voller Hindernisse. Der Pharao will seine billigen Zwangsarbeiter nicht so einfach ziehen lassen. Selbst elf verheerende Plagen, die Mose im Namen Gottes den Ägyptern schickt, stimmen ihn nicht um. Erst nach der zwölften Plage, als Gott in der Nacht jede Erstgeburt der Ägypter bei Mensch und Vieh tötet, die Israeliten aber verschont, die in dieser Nacht Pessach, das Mahl des Aufbruchs, feiern, lässt er die Israeliten ziehen. Aber noch immer ist der Sieg nicht endgültig. Der Pharao ändert seine Meinung und will die Flüchtenden zurückholen. Doch der Herr ist mit seinem Volk und rettet es auf seiner Flucht durch das Rote Meer. Die sie verfolgenden Ägypter jedoch gehen in den Fluten des Wassers unter.

Mose streckte seine Hand über das Meer aus und der HERR trieb die ganze Nacht das Meer durch einen starken Ostwind fort. Er ließ das Meer austrocknen und das Wasser spaltete sich. Die Israeliten zogen auf trockenem Boden ins Meer hinein, während rechts und links von ihnen das Wasser wie eine Mauer stand. Die Ägypter setzten ihnen nach; alle Pferde des Pharao, seine Streitwagen und Reiter zogen hinter ihnen ins Meer hinein. Um die Zeit der Morgenwache blickte der HERR aus der Feuer- und Wolkensäule auf das Lager der Ägypter und brachte es in Verwirrung. Er hemmte die Räder an ihren Wagen und ließ sie nur schwer voran-kommen. [...] Darauf sprach der HERR zu Mose: Streck deine Hand über das Meer, damit das Wasser zurückflu-tet und den Ägypter, seine Wagen und Reiter zudeckt! Mose streckte seine Hand über das Meer und gegen Morgen flutete das Meer an seinen alten Platz zurück, während die Ägypter auf der Flucht ihm entgegenliefen. So trieb der HERR die Ägypter mitten ins Meer. Das Wasser kehrte zurück und bedeckte Wagen und Reiter, die ganze Streitmacht des Pharao, die den Israeliten ins Meer nachgezogen war. Nicht ein Einziger von ihnen blieb übrig. Die Israeliten aber waren auf trockenem Boden mitten durch das Meer gezogen, während rechts und links von ihnen das Wasser wie eine Mauer stand. So rettete der HERR an jenem Tag Israel aus der Hand der Ägypter. (Ex 14,21–30)

Für Israel und das Volk der Juden ist diese Freiheitserzählung seither so etwas wie eine Gründungsurkunde, eine Bestäti-gung des Bundes Gottes mit seinem Volk. Und auch jede Christin und jeder Christ, die und der auf Gottes Zusage vertraut, kann aus dieser Erzählung von der Treue des mit uns gehenden Gottes immer neu Kraft und Zuversicht schöpfen.

Treue in einer Beziehung stellt für junge Menschen einen sehr hohen Wert dar, wie Wertestudien belegen. In einem Raum der Treue kann ich mich fallen lassen, bin ich wertvoll, ohne etwas leisten zu müssen. So ist diese Zusage der Treue ein wichtiges Fundament einer jeden Beziehung, auch der Beziehung zu Gott. Auf einer solchen Grundlage lässt sich jedes Lebenshaus bauen. Ein Gebet aus der Feder des Theologen Paul Ringseisen reflektiert diese Treue Gottes.

In das Lichtvolle dieses Tages
und in die Dunkelheit, die er in dir hinterlässt,
in deine Freuden
und in deine Enttäuschungen
lege ich meine Zusage: Ich bin da.
In die Vielfalt deiner Gaben und Aufgaben
und in die bittere Erfahrung der Leere,
in das Glück deiner Hingabe
und in die Traurigkeit über dein Versagen
lege ich meine Zusage: Ich bin da.
In die Lichtblicke deiner Hoffnung
und in die Schatten deiner Ohnmacht,
in den Schmerz über so viel Elend
und die Trotzkraft deines Glaubens
lege ich meine Zusage: Ich bin da.
In die Bruchstücke deines Lebens
und in dein Hoffen, dass daraus ein Ganzes wird,
in dein Suchen, Tasten und Fragen
und in die innerste Gewissheit deines Herzens
lege ich meine Zusage: Ich bin da.
In deine maßlose Sehnsucht

und in die Grenzen deiner Kraft und Zeit,
in dein Müdesein heute
und in dein Hoffen auf ein besseres Morgen
lege ich meine Zusage: Ich bin da.[28]

Das „Ich-bin-da" Gottes, das Ich-bin-da einer Mutter, eines Vaters, einer Freundin, eines Freundes baut einen Raum von Freiheit für meinen Weg.

Ein lästiger Auftrag [Jona]

Soll ich da nicht Mitleid haben?
Jona 4,11

Nach Ninive, in die ausgelassene, liederliche, durch und durch verdorbene Weltstadt soll Jona gehen und den Menschen dort ihre Schlechtigkeit vorhalten. Keine Lust, ohne mich, sagt der und bricht in die andere Richtung auf. Er nimmt ein Schiff nach Tarschisch, gerät in einen heftigen Sturm. Die Seeleute stellen ihn zur Rede und Jona gesteht ihnen, dass dieser Sturm seinetwegen so tobt. Daraufhin werfen sie ihn über Bord, und das Meer beruhigt sich. Jona aber wird von einem großen Fisch verschlungen. Drei Tage und drei Nächte ist er im Bauch des Fisches. Voll Verzweiflung und Vertrauen betet er zum Herrn, seinem Gott. Und er wird gerettet, der Fisch speit Jona an Land.

_____

28   Paul Ringseisen, nach einer Grundidee von Alfons Deisslers Meditation „Ich bin da", in: Paul Ringseisen, Abendlob, Stuttgart 2009, S. 54f.

Jetzt macht er sich auf nach Ninive. Und welche Überraschung, die Leute hören auf Jona, sie rufen ein Fasten aus und wenden sich von ihrem bösen Tun ab. „Da reute Gott das Unheil, das er ihnen angedroht hatte, und er tat es nicht", berichtet uns die Bibel. Jona aber hätte wohl lieber die spektakulären Folgen seiner Drohpredigt erlebt. Er fühlt sich blamiert durch Gottes Mitleid mit Ninive. Wütend auf Gott, möchte er am liebsten sterben. So lässt Gott einen Rizinusstrauch wachsen, der Jona tröstlichen Schatten spendet und ihn erfreut. Aber am nächsten Tag verdorrt der Strauch und Jona wird zornig auf Gott.

Die Geschichte endet offen mit der Frage Gottes: „Du hast Mitleid mit einem Rizinusstrauch, für den du nicht gearbeitet und den du nicht großgezogen hast. Über Nacht war er da, über Nacht ist er eingegangen. Soll ich da nicht Mitleid haben mit Ninive, der großen Stadt, in der mehr als hundertzwanzigtausend Menschen leben, die zwischen rechts und links nicht unterscheiden können – und außerdem so viel Vieh?" (Jona 4,10f).

Im Leben jedes Menschen gibt es Erfahrungen von Schuld, Verletzung und Kränkung. Viktor Frankl meinte sogar, Leid, Schuld und Tod bilden eine tragische Trias, wie ein dreiblättriges Kleeblatt, das jedes menschliche Sein bedrückt. Schuld kann unser Leben belasten, manchmal jahrzehntelang, ja bis in den Augenblick des Sterbens hinein.

Dabei ist es doch so, dass wir anderen Menschen oft sehr leicht Fehler vergeben. „Passt schon", ist ein geflügeltes Wort in vielen Gesprächen. Nicht so barmherzig sind wir dagegen mit uns selbst. Oft schon bin ich Menschen begegnet, die eine Schulderfahrung über lange Strecken ihres Lebens mit sich schleppten und sich nicht getrauten, diese jemandem gegenüber auszusprechen.

Die biblische Erfahrung, die das Buch Jona beschreibt, öffnet einen Raum der Barmherzigkeit. Es gibt nichts, was nicht in diesem Raum Platz hätte. Barmherzigkeit ist ein anderer Name für Gott. Seine Zuwendung zum Menschen kennt keine Grenze. Die Gewissheit, dass Gott mir verzeiht und alles heilt, was auch immer mein Leben zutiefst belastet, führt zu einer großen inneren Freiheit und Ent-Lastung. Ein gutes Gewissen ist ein Ruhekissen für einen zuversichtlichen Menschen.

In der Löwengrube [Daniel]

Vom unerschütterlichen Vertrauen auf Gott und der Rettung in einer aussichtslosen Situation berichtet das Buch Daniel.

Truppen des Königs von Babylon haben Jerusalem eingenommen und auch Daniel, einen Prinzen des judäischen Königshauses, nach Babylon verschleppt. Am Hof des babylonischen Königs muss er Dienst tun. Durch seine Weisheit und sein Geschick, wohl aber auch durch seine Treue zu seinem Gott wird Daniel – sein Name bedeutet übrigens „Gott hat mir Recht verschafft" – schließlich sogar zu einem der obersten Beamten befördert. Daniel versteht es, Träume zu deuten und wird zu einem geschätzten Berater des Königs. Das ruft auch Neider auf den Plan. Denn Daniel betet weiterhin zu seinem Gott, auch wenn dies vom König untersagt worden ist. So wird er zur Bestrafung in die Löwengrube geworfen. Als der König am nächsten Morgen in der Löwengrube nachschaut, ist Daniel unversehrt. Er berichtet dem König: „Mein Gott hat seinen Engel gesandt und den Rachen der Löwen verschlossen. Sie taten mir nichts zuleide, weil ich vor ihm als unschuldig befunden wurde, und auch vor dir, König, habe ich keine Verbrechen begangen" (Dan 6,23).

Die Erzählung von Daniel in der Löwengrube erinnert mich an ein Wort, das der heilige Augustinus gesagt haben soll: Jedes sichtbare Ding auf dieser Welt steht unter der Obhut eines Engels. Schutzengel zum Beispiel sind vielen Menschen sehr wichtig.

Ein Gespräch mit einem jungen Arbeiter aus Ostdeutschland war ein prägendes Erlebnis für mich. Er arbeitete im Tourismus in Vorarlberg, hatte hier eine Freundin kennengelernt und sie haben mich gefragt, ob ich ihr Kind taufen würde. Er selbst sei Atheist, wie er sagte. Im Gespräch erzählt er mir dann aber von einem Unfall. Lange Stunden war er in seinem Auto eingeklemmt, bevor ihn dann jemand entdeckte und Hilfe holte. Auf meine Frage, ob er da nicht an Gott gedacht habe, meinte er: an Gott nicht, aber an meinen Schutzengel. „Ich brauche jetzt den Schutzengel", war sein wichtigster Gedanke. Für einen Theologen ist das ein kleines „Problem". Sich Engel ohne Gott vorzustellen, passt nicht in die Welt theologischen Denkens. Was mich aber an diesem Gespräch mit einem scheinbaren Atheisten berührt hat, war sein Glaube, dass auch er unter dem Schutz eines Engels steht.

Schutzengel könnte man vielleicht Boten der Zuversicht aus dem Ewigen nennen. Sie sind Bilder des Herzens, die uns dieses Geborgen- und Getragen-Sein näherbringen. Und in so manchen, äußerlich scheinbar nicht sehr religiösen Familien hängt das Bild eines Schutzengels in ihrer Wohnung und viele Menschen tragen ein Schutzengel-Medaillon an einer Halskette. „Wer einen Engel zum Freund hat, braucht die ganze Welt nicht zu fürchten", meint Martin Luther. Wenn Menschen in seelsorglichen und therapeutischen Gesprächen diesen inneren Beschützer für ihr Leben entdecken, dann können sie oft gut und mit neuer Zuversicht weitergehen.

Vertrauen, ja Urvertrauen in das Gehalten- und Geborgen-Sein gibt dem Leben eine frohe und hoffnungsvolle Farbe.

Die Feuerprobe [Daniel]

Das Buch Daniel berichtet von drei jungen Männern, die sich weigern, das goldene Standbild des babylonischen Königs Nebukadnezzar zu verehren. Sie vertrauen darauf, dass sie ihr Gott aus dem glühenden Feuerofen, in den sie geworfen werden sollen, retten werde. So werden sie gefesselt und in den Ofen geworfen, der zudem übermäßig geheizt worden war. Doch die drei Männer gehen mitten in den Flammen umher, loben und preisen den Herrn. Dieser Lobgesang der drei jungen Männer ist ein Stück Weltliteratur, von dem vielleicht auch der Sonnengesang des heiligen Franziskus inspiriert ist:

Gepriesen bist du, HERR, du Gott unserer Väter,
gelobt und gerühmt in Ewigkeit.
Gepriesen ist dein heiliger, herrlicher Name,
hochgelobt und verherrlicht in Ewigkeit. …
Preist den HERRN, all ihr Werke des HERRN;
lobt und rühmt ihn in Ewigkeit! …
Preist den HERRN, all ihr Wasser über dem Himmel;
lobt und rühmt ihn in Ewigkeit! …
Preist den HERRN, Sonne und Mond;
. lobt und rühmt ihn in Ewigkeit!
Preist den HERRN, ihr Sterne am Himmel;
lobt und rühmt ihn in Ewigkeit!
Preist den HERRN, aller Regen und Tau;
lobt und rühmt ihn in Ewigkeit! …

Preist den HERRN, Feuer und Glut;
lobt und rühmt ihn in Ewigkeit!
Preist den HERRN, Frost und Hitze;
lobt und rühmt ihn in Ewigkeit! …
Preist den HERRN, Licht und Dunkel;
lobt und rühmt ihn in Ewigkeit! …
Preist den HERRN, ihr Meere und Flüsse;
lobt und rühmt ihn in Ewigkeit! …
Preist den HERRN, all ihr Vögel am Himmel;
lobt und rühmt ihn in Ewigkeit! …
Preist den HERRN, ihr Menschen;
lobt und rühmt ihn in Ewigkeit! …
Dankt dem HERRN, denn er ist gütig;
denn seine Huld währt ewig!

Aus Daniel 3

So steigen die Männer schließlich unversehrt aus dem Feuer.

Diese Erzählung soll, theologisch gesprochen, die Größe Gottes zum Ausdruck bringen. Sie bringt aber auch eine Lebenshaltung der drei jungen Männer zum Ausdruck. Sie schauen nicht auf das Defizit, die Qual, Aussichtslosigkeit und das Elend ihrer Lage, sondern sie preisen Gott für das Große in ihrem Leben.

Manchmal erleben wir persönlich und bei anderen Menschen natürlich Situationen, in denen es schwer ist, in ein Freudenlied einzustimmen. Doch der Blick auf die gesamte Lebensgeschichte lässt uns immer wieder die Geschenke des Lebens entdecken. Das ist die Energie, die hilft, den Feuerofen des Augenblicks, der meine Existenz zu vernichten scheint, zu überleben. Nicht wie ein Phönix aus der Asche, sondern wie die Jünglinge aus dem Feuerofen gehen Menschen mit dieser Grundhaltung in die Zukunft ihres Lebens.

Der unglückliche Pechvogel [Ijob]

Vom Prototypen eines „Pechvogels", der schuldlos vom Unglück verfolgt wird, erzählt das Buch Ijob im Alten Testament. Die Frage, warum ein Mensch leidet, warum wir Schicksalsschläge und Katastrophen erfahren, ist so alt wie die Menschheit. Selbst der Name der Hauptperson bringt das zum Ausdruck. „Ijob" kann sinngemäß übersetzt werden mit der Frage: Wo ist Gott im Leid?

Ijob hat alles, was das Herz begehrt. Er ist fromm, gut und gerecht. Er ist gesegnet – mit reichem Besitz und zehn Kindern. Ausgangspunkt der Erzählung bildet ein Gespräch zwischen Gott und dem Satan. Dieser meint, Ijobs Frömmigkeit sei nicht echt, sondern im Grunde bloß eigennützig. Nur wegen seines reichen Wohlergehens sei er so gut und gerecht. Der Böse darf darauf den Frommen auf die Lauterkeit seiner Motive testen.

Dann geht es Schlag auf Schlag. Eine „Hiobs-Botschaft" jagt die andere. Ijob verliert seinen gesamten Besitz – sein Vieh und seine Knechte, sogar alle seine Kinder kommen ums Leben. Noch immer trägt Ijob sein Schicksal gottergeben: „Der HERR hat gegeben, der HERR hat genommen; gelobt sei der Name des HERRN" (Ijob 1,21). Schließlich verliert er sogar sein letztes Gut, seine Gesundheit, er wird mit der schlimmsten Krankheit geschlagen, dem Aussatz.

Seine Freunde kommen, ihn zu trösten. Ijob beklagt die Sinnlosigkeit seines Leidens. Er hat sich nichts zuschulden kommen lassen. Die Freunde hingegen suchen nach plausiblen Erklärungen, sie meinen, dass Ijob doch eine verborgene Schuld trage. Entschieden widerspricht ihnen Ijob. Klagend, ja anklagend, fragend und bittend wendet er sich an Gott und macht ihm schwere Vorwürfe. Die Freunde werfen ihm sogar Gotteslästerung vor.

Dann endlich, nach langem Schweigen, antwortet Gott. Er widerspricht den Freunden, dass Ijob Schuld auf sich geladen habe, und weist sie zurecht. Doch Gottes Antwort besteht im Grunde aus Fragen. Er lenkt seine Wahrnehmung weg vom „kleinen", persönlichen Leid hin auf das große Ganze – auf die großartige und gewaltige Ordnung des Kosmos, in dem Gott als Schöpfer und Bändiger des Chaotischen verborgen und gegenwärtig ist. Und Ijob reagiert ergriffen: „Ich habe erkannt, dass du alles vermagst ... Ich habe geredet, ohne zu verstehen, über Dinge, die zu wunderbar für mich und unbegreiflich sind ... Vom Hörensagen nur hatte ich von dir gehört, jetzt aber hat mein Auge dich geschaut. Darum widerrufe ich. Ich bereue in Staub und Asche" (Ijob 42,2–6). Schließlich ein Happyend: Ijob wird wieder gesund, er bekommt noch einmal zehn Kinder und sein Besitz wird noch größer als zuvor.

Mit Gott streiten

Wie umgehen mit unabänderlichem Leid? Ijobs Antworten heißen: Annahme und Klage. Anfangs wird Ijob noch als der gottergebene Dulder geschildert, der Freud und Leid gleichermaßen aus Gottes Hand annimmt. Dann wird er zunehmend zum Klagenden und Anklagenden. Der Gott, der gibt und der nimmt, wird zum quälenden, feindlichen Gott, den Ijob in rebellischer Auflehnung verflucht. Das ist wohl eine der befreienden Botschaften der Bibel: Wir dürfen mit Gott auch hadern und streiten, klagen und anklagen.

Die Freunde halten die Klagen und Anklagen Ijobs für unberechtigt und höchst gefährlich. Ja, sie werfen ihm Gotteslästerung vor. Auffallend ist, dass die Freunde Ijobs ausschließlich *über*, nie jedoch *zu* Gott sprechen. Ijob dagegen spricht nicht nur *über*, sondern auch und vor allem *zu* Gott. Dieser Gott, den er zum Rechtsstreit herausfordert und von dem er mit allen Fasern seiner Existenz eine Antwort auf sein unbegreifliches Leid erfleht, dieser Gott antwortet ihm. Seine Antwort ist jedoch keine kühle intellektuelle Wissens-Information, sondern eine Frage zum Gesamten der Ordnung der Welt, die Ijob zu einer persönlichen, existenziellen Erfahrung über das Geheimnis der Größe Gottes und seiner liebenden Zuwendung zum Menschen führt.[29] Ijob findet seinen Weg im Gespräch mit dem unendlichen Geheimnis, das wir „Gott" nennen. Tief berührt bin ich oft von Menschen, die in großer Not einen Weg finden, erkämpft im Vertrauen.

Die entschlossene Kämpferin [Judit]

Von der fast unglaublichen Rettung Israels vor einem übermächtigen Feind durch die mutige Entschlossenheit und kluge List einer Frau berichtet das Buch Judit.

Der assyrische König Nebukadnezzar möchte sich alle Völker unterwerfen und von ihnen als einziger und wahrer Gott verehrt werden, seine Boten werden aber überall nur mit Häme empfangen. So schickt er seinen grausamsten Feldherrn Holofernes mit einem riesigen Heer von hundertzwanzigtausend Mann Fußtruppen und zwölftausend Pferden und Reitern auf Rachefeldzug.

Alle Völker unterwerfen sich, nur die Israeliten leisten Widerstand. Holofernes belagert ihre Stadt Betulia. Nach vier-

---

29 Vgl. Ludger Schwienhorst-Schönberger, Ein Weg durch das Leid. Das Buch Ijob, Freiburg 2007.

unddreißig Tagen sind die Zisternen der Stadt leer, die Menschen am Verhungern und in ihrer Verzweiflung möchten die Ältesten schon aufgeben, wenn Gott ihnen nicht innerhalb von fünf Tagen Rettung schicke. Jetzt tritt die Witwe Judit auf den Plan. Sie schilt die Ältesten, weil sie mit ihrem „Ultimatum" von fünf Tagen Gott auf die Probe stellen, quasi „erpressen" wollten. Sie ruft zum Gebet auf und offenbart ihren Plan, mit ihrer Dienerin in das feindliche Lager zu gehen.

Angetan mit all ihrem Schmuck und in ihren schönsten Gewändern, gibt sich Judit im Lager der Assyrer als Überläuferin aus und erklärt Holofernes, wie er Israel ohne eigene Verluste besiegen könne. Beim Mahl mit den Gästen spricht Holofernes, bezaubert von Judits Schönheit, kräftig dem Wein zu. Judit bleibt mit dem Feldherrn in dessen Zelt. Betrunken vom Wein, schläft Holofernes ein, und mit seinem eigenen Schwert schlägt ihm Judit das Haupt ab. Mit dem Kopf des Feldherrn in einem Sack kehrt sie nach Betulia zurück. Holofernes' Haupt wird an der Zinne der Stadtmauer aufgehängt, die führerlosen Assyrer werden besiegt, ausgeplündert und vertrieben. Die Erzählung schließt mit dem großen Hymnus Judits, in dem sie die Rettung durch Gott feiert.

Das Buch Judit ist weniger ein historischer Tatsachenbericht, mehr eine Weisheitserzählung, die vom Vertrauen auf Gottes verlässliche Treue spricht. Sie rühmt die selbstbewusste Initiative einer einzelnen Frau, die ihr Vertrauen ganz auf Gott setzt, gleichzeitig aber auch mutig und entschlossen handelt. Zwei wichtige Dimensionen des Lebens und Glaubens sehe ich in Judit beispielhaft verkörpert: Verantwortung und Vertrauen. Zum einen führt sie eindrucksvoll vor Augen, was es bedeutet, klug, abwägend und mutig Verantwortung zu übernehmen für ihre Mitmenschen und zugunsten der Rettung Israels. Zum anderen ist alles, was sie tut, eingebettet in das Gebet und das Vertrauen auf das erlösende Handeln Gottes. Sie weiß um die Wichtigkeit des persönlichen Einsatzes, ohne den das Volk zu Grunde ginge. Zugleich handelt sie nicht aus Ruhmsucht. Sie ist im Tiefsten davon überzeugt, dass das Gelingen der Rettung im Letzten Gott und nicht ihren eigenen Kräften zu verdanken ist. Beide Elemente gehören eng zusammen. Wir dürfen uns nicht davor drücken, für unser Leben und das der anderen Verantwortung zu übernehmen.

Wir können im Leben vieles abgeben, nicht aber die Verantwortung für unser Handeln. Und zugleich stehen wir in keiner Situation alleine da, sondern wissen uns begleitet, gestützt und gestärkt von einem Gott, mit dem wir, wie es in einem Psalm heißt, sogar Mauern überspringen können (vgl. Ps 18,30). In dieser Haltung kann Judit am Ende in ihr großes Danklied an Gott einstimmen und sagen:

Ich singe meinem Gott ein neues Lied;
Herr, du bist groß und voll Herrlichkeit.
Wunderbar bist du in deiner Stärke,
keiner kann dich übertreffen.
Dienen muss dir deine ganze Schöpfung.
Denn du hast gesprochen und alles entstand.
Du sandtest deinen Geist, um den Bau zu vollenden.
Kein Mensch kann deinem Wort widerstehen.
Judit 16,13–14

Von Judit können wir lernen, dass es unsere Pflicht ist, für unsere Rechte und die Rechte der Mitmenschen entschlossen und mutig einzutreten – und in all dem nicht darauf zu vergessen, dass es schlussendlich Gott selber ist, der alles, was wir beginnen, vollendet und zum Guten fügt.

Im Buch des Lebens nach Schätzen schürfen [Die Psalmen]

> *Du hast mein Klagen*
> *in Tanzen verwandelt.*
> Psalm 30,12

Alle Farben des menschlichen Lebens spiegeln sich im Buch der Psalmen wider. Helle und dunkle, bunte und graue – jubelnde Freude und verzagte Klage, stärkende Hoffnung und abgrundtiefe Verzweiflung. Die Lieder und Gedichte der Psalmen sind eine Quelle für Trost, Mut und Zuversicht. Tiefe Weisheit, Dank, Bitten und Vertrauen klingen aus ihren Versen. Ja, wie ein heilsamer roter Faden zieht sich die oftmals überraschende Wende von der Klage hin zum Loben und Danken durch. Nicht umsonst gelten die Psalmen als das Lebens- und Glaubensbuch von Juden wie Christen schlechthin. Es war auch das Gebetbuch Jesu. Es ist wie eine kompakte Zusammenfassung der Heiligen Schrift, eine „kleine Bibel".

Sorgen, Kummer und Klage[30]

> *HERR, warum bleibst du so fern,*
> *verbirgst dich in Zeiten der Not?*
> Psalm 10,1

---

30   Weitere Psalmverse zu diesen Stichworten: Ps 13,2f; 60,3f.

Ich bin erschöpft vom Seufzen,
jede Nacht benetze ich weinend mein Bett,
ich überschwemme mein Lager mit Tränen.
Psalm 6,7

Hingeschüttet bin ich wie Wasser,
gelöst haben sich all meine Glieder …
Meine Kraft ist vertrocknet wie eine Scherbe,
die Zunge klebt mir am Gaumen,
du legst mich in den Staub des Todes.
Psalm 22,15f

Mein Elend ist aufgezeichnet bei dir.
Sammle meine Tränen in einem Krug,
zeichne sie auf in deinem Buch!
Psalm 56,9[31]

Aus den Tiefen rufe ich, HERR, zu dir:
Mein Herr, höre doch meine Stimme!
Psalm 130,1f

---

31   Zitiert nach der Einheitsübersetzung 1980.

Angst und Schrecken,
Schreie und Bitten[32]

Mein Gott, mein Gott,
warum hast du mich verlassen,
bleibst fern meiner Rettung,
den Worten meines Schreiens?
Mein Gott, ich rufe bei Tag,
doch du gibst keine Antwort;
und bei Nacht, doch ich finde keine Ruhe.
Aber du bist heilig,
du thronst über dem Lobpreis Israels.
Dir haben unsere Väter vertraut,
sie haben vertraut und du hast sie gerettet.
Zu dir riefen sie und wurden befreit,
dir vertrauten sie und wurden nicht zuschanden.
Psalm 22,2–6

Mich umfingen die Fesseln des Todes
und die Fluten des Verderbens erschreckten mich.
In meiner Not rief ich zum HERRN
und schrie zu meinem Gott,
er hörte aus seinem Tempel meine Stimme,
mein Hilfeschrei drang an seine Ohren.
Psalm 18,5.7

---

32 Weitere Psalmverse zu diesen Stichworten: Ps 6,4f; 17,6.8f;
55,2f; 70,2.3.6; 102,2–6; 140,2ff; 142,2–4.7f.

HERR, höre mein Bittgebet,
vernimm doch mein Flehen,
in deiner Treue antworte mir,
in deiner Gerechtigkeit!
Wie erschöpftes Land ist vor dir meine Seele.
Eile, HERR, gib mir Antwort,
denn es erlischt mein Lebensgeist!
Verbirg vor mir nicht dein Angesicht.
Entreiß mich meinen Feinden, HERR,
zu dir nehme ich meine Zuflucht!
Psalm 143,1.6–7.9

Rette mich, Gott, denn das Wasser
geht mir bis an die Kehle!
Ich bin versunken im Schlamm des Abgrunds
und habe keinen Halt mehr.
In Wassertiefen bin ich geraten, die Flut reißt mich fort.
Ich bin erschöpft von meinem Rufen,
es brennt meine Kehle.
Mir versagen die Augen, während ich warte
auf meinen Gott.
Psalm 69,2–4

Erhörung, Befreiung und Dank[33]

Ich will danken, HERR, aus ganzem Herzen,
erzählen will ich all deine Wunder.
Er hat den Notschrei der Elenden nicht vergessen.
Psalm 9,2.13b

Er griff aus der Höhe herab und fasste mich,
zog mich heraus aus gewaltigen Wassern.
Er führte mich hinaus ins Weite,
er befreite mich, denn er hatte an mir Gefallen.
Ja, du lässt meine Leuchte erstrahlen,
der HERR, mein Gott, macht meine Finsternis hell.
Ja, mit dir überrenne ich Scharen,
mit meinem Gott überspringe ich Mauern.
Du schufst weiten Raum meinen Schritten,
meine Knöchel wankten nicht.
Darum will ich dir danken, HERR, inmitten der Nationen,
ich will deinem Namen singen und spielen.
Psalm 18,17.20.29.30.37.50

Als der HERR das Geschick Zions wendete,
da waren wir wie Träumende.
Da füllte sich unser Mund mit Lachen
und unsere Zunge mit Jubel.
Da sagte man unter den Völkern:
Groß hat der HERR an ihnen gehandelt!
Ja, groß hat der HERR an uns gehandelt.
Da waren wir voll Freude.

---

33   Weitere Psalmverse zu diesen Stichworten: Ps 6,10; 10,17f;
       30,3.5f.12; 120,1.

Wende doch, HERR, unser Geschick
wie die Bäche im Südland!
Die mit Tränen säen, werden mit Jubel ernten.
Sie gehen, ja gehen und weinen
und tragen zur Aussaat den Samen.
Sie kommen, ja kommen mit Jubel
und bringen ihre Garben.
Psalm 126

Anwalt der Gerechtigkeit[34]

Er selbst wird den Erdkreis richten in Gerechtigkeit,
den Nationen das Urteil sprechen, wie es recht ist.
So wird der HERR für den Bedrückten zur Burg,
zur Burg für Zeiten der Not.
Darum vertrauen dir, die deinen Namen kennen,
denn du, HERR, hast keinen, der dich sucht, je verlassen.
Psalm 9,9–11

Wegen der Unterdrückung der Schwachen,
wegen des Stöhnens der Armen stehe ich jetzt auf,
spricht der HERR,
ich bringe Rettung dem, gegen den man wütet.
Psalm 12,6

---

34   Weitere Psalmverse zu diesen Stichworten: Ps 116,4–6.8.

Vertrauen und Dank[35]

Vertrau auf den HERRN und tue das Gute,
wohne im Land und hüte die Treue!
Befiehl dem HERRN deinen Weg, vertrau ihm –
er wird es fügen.
Psalm 37,3.5

In deine Hand lege ich voll Vertrauen meinen Geist;
du hast mich erlöst, HERR, du Gott der Treue.
Verhasst waren mir, die nichtige Götzen verehren,
ich setze auf den HERRN mein Vertrauen.
Ich will jubeln und deiner Huld mich freuen;
denn du hast mein Elend angesehn,
du kanntest die Ängste meiner Seele.
Du hast mich nicht preisgegeben der Hand meines Feindes,
du stelltest meine Füße in weiten Raum.
Psalm 31,6–9

Du legst mir größere Freude ins Herz,
als andere haben bei Korn und Wein in Fülle.
In Frieden leg ich mich nieder und schlafe;
denn du allein, HERR, lässt mich sorglos wohnen.
Psalm 4,8f

---

35 Weitere Psalmverse zu diesen Stichworten: Ps 3,2–4; 5,12; 13,6; 28,7; 31,6–9; 55,23; 56,2.4.12; 62,9.

Der HERR ist mein Hirt,
nichts wird mir fehlen.
Er lässt mich lagern auf grünen Auen
und führt mich zum Ruheplatz am Wasser.
Psalm 23,1f

Hoffnung und Zuversicht[36]

Ich hoffte, ja ich hoffte auf den HERRN.
Da neigte er sich mir zu und hörte mein Schreien.
Er zog mich herauf aus der Grube des Grauens,
aus Schlamm und Morast.
Er stellte meine Füße auf Fels, machte fest meine Schritte.
Er gab mir ein neues Lied in den Mund,
einen Lobgesang auf unseren Gott.
Viele sollen es sehen, sich in Ehrfurcht neigen
und auf den HERRN vertrauen.
Selig der Mann, der auf den HERRN sein Vertrauen setzt,
der sich nicht zu Aufdringlichen wandte
und zu in Lüge Verstrickten.
Psalm 40,2–5

---

36 Weitere Psalmverse zu diesen Stichworten: Ps 4,2; 16; 57,2;
62,2–6; 71,4f.

Selig, ... wer seine Hoffnung auf den HERRN, seinen Gott, setzt.
Er hält die Treue auf ewig.
Recht schafft er den Unterdrückten,
Brot gibt er den Hungernden,
der HERR befreit die Gefangenen.
Der HERR öffnet die Augen der Blinden,
der HERR richtet auf die Gebeugten,
der HERR liebt die Gerechten.
Der HERR beschützt die Fremden,
er hilft auf den Waisen und Witwen,
doch den Weg der Frevler krümmt er.
Psalm 146,5–9

Bei Gott allein wird ruhig meine Seele,
von ihm kommt mir Rettung.
Er allein ist mein Fels und meine Rettung, meine Burg,
ich werde niemals wanken.
Psalm 62,2f

Ein großes Loblied

Das Loblied auf Gottes unermessliche Güte tönt selbst aus jenen Psalmversen, die klagen, anklagen, schreien, ja fluchen. Alle menschlichen Emotionen haben ihre Berechtigung, sie sollen und dürfen sein und ausgesprochen werden vor Gott. Rund ein Drittel der 150 Psalmen sind Lob- und Preisgesänge auf Gottes Größe, seine Gnade und Barmherzigkeit.

Du ergründest mein Herz

Du
Du ergründest mein Herz, du durchschaust mich.
Du weißt um mein Gehen und Stehen.
Du kennst meine Gedanken von Ferne,
mein Reisen und Wandern, mein Ruhen.
All meine Wege sind dir bekannt –
jedes Wort, das kommt über meine Lippen,
unausgesprochen noch, du hörst es schon.
Hinter mir bist du und mir voraus.
Du legst deine Hände mir auf.
Das ist es, was ich nicht begreifen,
nicht denken kann, das ist mir zu hoch.
Wie dem Hauch deines Mundes entkommen,
wohin flüchten vor deinem Angesicht?
Erklimm ich den Himmel, da bist du,
steig ich ab in die Erde, da find ich dich auch.
Hätte ich Flügel des Morgenrots,
flöge ich über die fernsten Meere,
auch dort du, deine Hand,
deine Rechte, die mich festhält.
Riefe ich: „Finsternis, bedeck mich,
Licht werde zu Nacht!", –
für dich besteht die Finsternis nicht.
Für dich ist die Nacht so licht wie der Tag,
die Finsternis ebenso strahlend wie das Licht.
Deine Schöpfung bin ich mit Herz und Nieren,
du hast mich gewebt im Schoß meiner Mutter.
Meine Seele und Glieder sind dir vertraut,
in mir war nichts deinen Augen verborgen,
als ich geformt wurde tief im Geheimen,

prächtig gewirkt im Schoß der Erde.
Ich war noch nicht geboren,
du hattest mich schon gesehen,
all meine Lebenstage standen in deinem Buch,
bevor auch nur einer durch dich geschaffen.
Du, Ewiger, ergründ mein Herz,
erforsch mich,
prüf meine geheimen Gedanken.
Mein Weg führt doch nicht in die Irre?
Leite du mich fort auf dem Weg deiner Tage.
Psalm 139
übertragen von Huub Oosterhuis[37]

Jesus heilt – Gott rettet

Die Bibel erzählt die Geschichte Gottes mit den Menschen. Darin werden Erfahrungen reflektiert und überliefert, die davon berichten, wie sich Gott im Leben der Menschen zeigt. Eine dieser Erfahrungen lautet: Gott heilt. Er befreit aus Unterdrückung, Sklaverei und von Schuld. Er heilt von seelischen und körperlichen Gebrechen und schenkt so den Menschen Zuversicht und Vertrauen in das Leben. Die Gipfelaussage dazu finden wir im Buch Exodus, wo Gott von sich selbst sagt: „Ich bin der Herr, der dich heilt" – oder, wie Martin Luther übersetzt: „Ich bin der HERR, dein Arzt." (Ex 15,26)

---

37 Huub Oosterhuis, Psalmen. Aus dem Niederländischen übersetzt von Annette Rothenberg-Joerges und Hans Keßler, Freiburg 2014, S. 283f.

Das Reich Gottes ist nah

Die Sorge um Heil und Gesundheit der Menschen ist eine der Wesenseigenschaften Gottes. Das wird besonders auch im Neuen Testament deutlich. Heilungsgeschichten ziehen sich wie ein roter Faden durch die Berichte aller vier Evangelien. Jesu Wunderheilungen stehen hier zunächst einmal für die Zuwendung Jesu zum einzelnen Menschen, der Hilfe braucht. In seinen Heilungstaten, die von den Evangelisten oft als „Machttaten" bezeichnet werden, verdeutlicht Jesus, dass er selber der vom Volk Israel ersehnte Messias ist, der die Welt rettet und die Menschen von ihren Krankheiten heilt. Als Johannes der Täufer vom Wirken Jesu hört und zwei seiner Jünger zu ihm aussendet, sagt Jesus: „Geht und berichtet Johannes, was ihr gesehen und gehört habt: Blinde sehen wieder, Lahme gehen und Aussätzige werden rein; Taube hören, Tote stehen auf und Armen wird das Evangelium verkündet" (Lk 7,22).

Mit Jesus ist das Reich Gottes, die messianische Zeit angebrochen, wie sie im Alten Testament angekündigt wurde. Beim Propheten Jesaja ist das Reich Gottes besonders mit der Heilung von allen Krankheiten verbunden. Gott selber wird das Volk Israel heilen, sodass niemand mehr sagen kann: „Ich bin krank" (Jes 33,24a). Die Heilungen Jesu stehen somit im engen Zusammenhang mit den Verheißungen des Alten Bundes. Sie sind Zeichen, die das künftige Reich Gottes ankündigen und es zugleich jetzt schon zur Gegenwart machen. Mit Jesus ist das Reich Gottes zum Greifen nah – und niemand ist vom Heil, das Gott schenkt, ausgeschlossen: weder die Sünder noch die Kranken noch die Marginalisierten.[38]

---

38 Vgl. Gerhard Lohfink, Jesus und die Kirche, in: Handbuch der Fundamentaltheologie, Bd. 3 (Traktat Kirche), hrsg. von Walter Kern, Hermann J. Pottmeyer, Max Seckler, Freiburg 1986, S. 77f.

Diese Erlösung ist für die biblischen Autoren eng mit dem Aspekt der Heilung verbunden. Denn wo anders sollten die Menschen die heilbringende Zuwendung Gottes mehr spüren als in der Befreiung von den seelisch-körperlichen Gebrechen ihres Lebens? Menschen werden von Krankheiten geheilt und von bösen Geistern befreit, damit sie eigenständig und voll Zuversicht ihr Leben vor Gott führen können.

Die Wunderheilungen Jesu faszinieren, aber sie irritieren auch. Einem wissenschaftlich-aufgeklärten Weltbild sind sie ein Dorn im Auge. Diese Zweifel sollten wir nicht einfach vom Tisch wischen, sondern ernst nehmen. Aus diesem Grund dürfen, ja müssen wir diese Erzählungen mit Vernunft und kritischem Verstand, aber auch mit Glauben lesen. Es geht nicht in erster Linie darum, was genau Jesus in den Heilungen wirkt und ob sie so, wie sie in den Evangelien beschrieben sind, glaubhaft sind. Die Heilungen Jesu sollen weder überwältigen noch überzeugen, sondern zum Staunen, Fragen und Nachdenken führen. Wichtig ist vielmehr das, was sich in den Heilungen zeigt: Wenn Jesus einen Menschen von einer Krankheit befreit, möchte er die Augen für das Wirken Gottes in der Welt öffnen und sagen: Gott ist da. Er ist auch in deinem Leben und hilft dir, wenn du ihm ganz vertraust.

Jesu Name ist Programm

Aussichtslos Kranken, die keine Hoffnung auf Heilung haben und dadurch erst recht von der Gemeinschaft ausgeschlossen sind, wendet sich Jesus im Besonderen zu. Besonders in seinen Heilungen wird deutlich, wer Jesus ist und was seine Botschaft und sein Tun auszeichnet.[39] Schon sein Name beinhaltet ein heilsames Programm. „Jesus" bedeutet: „Gott rettet". In diese göttliche Rettung sind unterschiedliche Lebensbereiche eingeschlossen: Menschen werden aus Gefangenschaft und Ausbeutung befreit. Völkern wird Friede und Versöhnung verheißen. Ausgestoßene Aussätzige, hilflos Gelähmte, orientierungslos Blinde, von drückenden Lasten oder quälenden Süchten Besessene, Taube und Stumme ohne Kontakt zu ihren Mitmenschen erfahren Heilung von ihren Krankheiten. Sündern wird ihre Schuld nachgelassen. Ja sogar das völlig Unvorstellbare und Unmögliche geschieht: Selbst Tote werden zurück ins Leben geholt.

Dort, wo Jesus auftritt, werden Menschen wieder gesund und in einem Körper und Geist umfassenden Sinn geheilt. Die Wunderheilungen der Evangelien und das Bild Jesu als des Heilenden blieben im Gedächtnis der ersten Christinnen und Christen erhalten. Daran hat auch die frühe Kirche angeknüpft und Jesus, ganz in der Linie des oben genannten Zitates aus dem Buch Exodus, mit dem Titel „Arzt" versehen. Schon im 2. Jahrhundert schreibt der Märtyrerbischof Ignatius von Antiochien an die Gemeinde in Ephesus: „Einer nur ist Arzt […], unser Herr Jesus Christus."[40]

---

39 Diesen Gedanken hat der Reformator und Wegbegleiter Luthers, Philipp Melanchthon, präzisiert: „Wer Christus kennen möchte, muss seine Heilstaten kennen" [aus den Loci communes rerum theologicarum, zit. nach Alex Stock, Poetische Dogmatik: Christologie, Bd. 4 (Figuren), Paderborn 2001, S. 75: „Hoc est Christum cognoscere, beneficia eius cognoscere"].

40 An die Epheser 7,2, zitiert aus: Die Apostolischen Väter, griechisch-deutsche Parallelausgabe auf der Grundlage der Ausgaben von Franz Xaver Funk et al., neu übersetzt und hrsg. von Andreas Lindemann und Henning Paulsen, Tübingen 1992, S. 183.

Merkmale der Heilungen Jesu

Die Heilungsgeschichten des Neuen Testaments sind nicht einfach nur Wundererzählungen, die man glauben kann oder auch nicht. Sie geben vielmehr Grundzüge des Handelns Jesu wieder. Die Art und Weise, wie Jesus mit Kranken, Bedürftigen und Sündern umgegangen ist, ist damals wie heute bemerkenswert.

Fünf Verben der Nähe

Papst Franziskus hat davon gesprochen, dass Jesus in seinem Verhältnis zu den Menschen fünf Wörter auszeichneten: sehen, rufen, sprechen, berühren und heilen.[41] Verben, so lernen wir in der Volksschule, sind Tun-Wörter, d. h. Wörter, die nicht nur gesagt werden, sondern auch in die Tat umgesetzt werden müssen. Diese fünf Tun-Wörter, die der Papst aufzählt, lassen sich in vielen Heilungsgeschichten finden.

Jesus *sieht* zunächst Not und Sorge, Freude und Hoffnung der Menschen. Denen, die ohne Ansehen sind – Sünder, Ausgestoßene, Kranke, Aussätzige –, schenkt er im wahrsten Sinn des Wortes Ansehen. Bei Nikolaus von Kues findet man die wunderbaren Sätze: „Dein Sehen, Herr, ist Lieben, und wie Dein Blick mich so aufmerksam betrachtet, dass er sich nie von mir abwendet, so auch Deine Liebe. Und weil Deine Liebe immer mit mir ist und sie nichts anderes ist als Du selbst, der mich liebt, darum bist Du immer mit mir, Herr, Du

---

41 Predigt bei der Frühmesse am 30. Oktober 2017: http://www.vatican. va/content/francesco/de/cotidie/2017/documents/papa-francesco-cotidie_20171030_weg-des-guten-hirten.html, zuletzt abgerufen am 26. 5. 2020.

verlässt mich nicht. [...] Und da Dein Sehen Dein Sein ist, bin ich also, weil Du mich anblickst."[42]

Dann *ruft* Jesus die Menschen zu sich und *spricht* mit ihnen. Als Jesus z. B. den blinden Bartimäus (Mk 10,46–52) trifft und dieser ihn inständig um Erbarmen bittet, ruft er ihn in seine Nähe. Hier zeigt sich Jesus als Zu-spruch Gottes in Person für alle Menschen, die bedrängt sind und sich nach Heil und Heilung sehnen.

Und schließlich *berührt* Jesus Menschen und *heilt* sie. Davon ist in beinahe jeder Heilungserzählung die Rede. Jesus berührt und lässt sich berühren. Dabei überwindet er auch Barrieren: Er berührt sogar die Unberührbaren und hat keine Angst davor, angesteckt, verleumdet oder missverstanden zu werden. Vielmehr weiß er um die heilsame Kraft der Berührung. Auch die Menschen sehnten sich nach seiner Nähe, „sodass alle, die ein Leiden hatten, sich an ihn herandrängten, um ihn zu berühren" (Mk 3,10).[43] Es genügt ein Kontakt, eine zärtliche Berührung, um gesund zu werden und einen neuen Anfang zu wagen.[44]

Persönliche Zuwendung

„Was willst du, dass ich dir tue?" (Lk 18,41). Diese Frage stellt Jesus einem Blinden, der zu ihm kommt und sich im Inneren nichts sehnlicher wünscht, als wieder sehen zu können. Vor

---

42 Nikolaus von Kues, Vom Sehen Gottes. Ein Buch mystischer Betrachtung. Aus dem Lateinischen übertragen von Dietlind und Wilhelm Dupré. Mit einem Nachwort von Alois M. Haas, Zürich/München 1967, S. 20.

43 Thomas Söding, Berührung als Heilung. Die handfeste Gnade in den Wundern Jesu, in: Bibel und Kirche 47 (2012), S. 36–40.

44 Diese heilende Dimension der Berührung bringt auch Johannes Huber aus medizinischer Sicht ins Gespräch: vgl. Johannes Huber, Es existiert. Die Wissenschaft entdeckt das Unsichtbare, München 2016.

diesem Hintergrund erscheint die Frage, die Jesus stellt, eigentlich unnötig – denn man ist verleitet zu sagen: Was anderes kann ein Blinder wollen, als wieder sehen zu können? Jesus stellt diese Frage aber ganz bewusst und drückt damit aus: Du bist für mich kein Patient X mit dem Symptom Y, den ich mit der Therapie Z behandle. Jesus erteilt in einem ersten Schritt dem Menschen das Wort und heilt, indem er auf das, was ihm die oder der andere anvertraut, reagiert. Man kann sagen: Jesus begegnet den Menschen, bevor er sie heilt. Heilung ist ein Beziehungsgeschehen. Eine Therapie, aber auch ein seelsorgliches Gespräch hilft nicht, wenn man sie als angelernte Technik versteht, die man auf jeden beliebigen Menschen unterschiedslos 1:1 anwenden kann. In jeder Behandlung, in jedem Seelsorgegespräch geht es um die sensible Hinwendung zu den Menschen, um das Ernstnehmen des Anliegens und schließlich um die Echtheit der Begegnung.

Der Mensch steht im Zentrum

An einer anderen Stelle wird berichtet, dass Jesus am Sabbat in einer Synagoge auf einen Mann mit einer verstümmelten Hand trifft (Mk 3,1–6). Zunächst ist der Zeitpunkt der Heilung nicht unbedeutend: Jesus heilt an einem Sabbat. Dass er sich über das Gebot, am Sabbat keiner Tätigkeit nachzugehen, hinwegsetzt, bringt ihm Kritik, Widerspruch und Ablehnung der Gesetzeslehrer ein. Geht es um die Heilung und Befreiung der Menschen, ist für Jesus nicht das Lob der religiösen Obrigkeit entscheidend, sondern die Bedürfnisse der Betroffenen.

Die Hand des Mannes, der in dieser Erzählung zu Jesus kommt, ist verstümmelt. Diese Verstümmelung ist nicht nur Zeichen von Leid, sondern auch der gesellschaftlichen Ausgrenzung. Neben dem körperlichen gibt es also auch noch einen sozialen Aspekt seiner Krankheit. Jesus sagt zu diesem Mann, noch bevor er ihn heilt: „Steh auf und stell dich in die Mitte!" (Mk 3,3). Man muss sich diese Szene so vorstellen: Die Menschen sitzen um Jesus herum auf dem Boden. Jesus holt den Mann zu sich in die Mitte. Die Aufmerksamkeit aller ist nun auf ihn gerichtet. Der Mann, der aufgrund seiner verstümmelten Hand wohl vielfach ausgegrenzt, belächelt und links liegen gelassen wurde, steht plötzlich wieder im Zentrum des Interesses. Die Menschen blicken nicht mehr gleichgültig an ihm vorbei, sondern schauen ihn an. Die Heilung Jesu beginnt dort, wo der Mann seine Ausgrenzung verliert und ins Zentrum gestellt wird. Heilung im Sinne Jesu heißt, die Menschen in die Mitte der Aufmerksamkeit zurückholen.

Jesus ist im Innersten betroffen

Wenn Jesus in den Evangelien einem leidenden Menschen gegenübertritt, lesen wir oft den Satz: „Jesus hatte Erbarmen." Ganz prominent ist das z. B. im Gleichnis vom barmherzigen Samariter der Fall (vgl. Lk 10,33). Um diese innere Betroffenheit Jesu, die die Not anderer bei ihm auslöst, auszudrücken, verwenden die Evangelisten eine ganz eindringliche Sprache. Würde man das entsprechende Vokabel wörtlich aus dem Griechischen übersetzen, müsste es heißen: Jesus war bis in seine Eingeweide erschüttert.[45] Jesus hatte nicht einfach nur Erbarmen mit den Bedürftigen – das ist viel zu schwach ausgedrückt. Jesus hatte beim Anblick kranker Men-

---

45 Das Substantiv splágchnon, das im Verb splagchnízomai steckt, bezeichnet die inneren Organe und in weiterer Folge auch das Herz des Menschen als Sitz seiner Barmherzigkeit (vgl. Art. splagchnízomai bzw. splágchnon, Exegetisches Wörterbuch zum Neuen Testament, hrsg. von Horst Balz und Gerhard Schneider, Bd. 3, Stuttgart u. a. 1980, Sp. 633–636).

schen einen Gefühlsausbruch. Das Leben anderer ließ ihn nicht kalt, sondern ging ihm nahe: Es ging ihm durch Mark und Bein. Die Heilungen Jesu passieren in einer Haltung des echten Mit-leidens und Mit-betroffen-Seins. Er solidarisiert sich ganz mit den Leidenden und lässt sie seine Zuwendung spüren.

Auftrag an die Jünger

Jesus stellt sich als „Therapeut" und Heiler nie selber ins Zentrum, sondern immer den Menschen, der gerade Hilfe braucht. Die Überwindung aller Kräfte, die das Leben der Menschen in Fesseln legen und eine freie Entfaltung in Glaube, Hoffnung und Liebe hemmen, ist wesentliches Kennzeichen des Wirkens Jesu sowie des anbrechend-angebrochenen Reiches Gottes. Dieser Grundzug der Botschaft Jesu bleibt jedoch nicht auf seine Lebenszeit beschränkt, sondern setzt sich fort im Wirken seiner Jüngerinnen und Jünger. Jesus hat Menschen berufen und um sich gesammelt. Sie sind bei ihm gleichsam „in die Lehre gegangen" und wurden von ihm ausgesandt, um das zu tun, was er tat. Aus Schülern werden Apostel, d. h. wörtlich Gesandte, die die Botschaft ihres Lehrers in Wort und Tat in die Welt hinaustragen. In Lk 9,1f heißt es: „Dann rief er die Zwölf zu sich und gab ihnen Kraft und Vollmacht über alle Dämonen und um Krankheiten zu heilen. Und er sandte sie aus, das Reich Gottes zu verkünden und die Kranken gesund zu machen." Doch nicht nur die zwölf Apostel, auch 72 weitere seiner Jüngerinnen und Jünger sendet er aus mit dem Auftrag, die Kranken zu heilen und ihnen das Reich Gottes zu verkünden (vgl. Lk 10,9). Die Heilszeit, die mit Jesu Geburt, Tod und Auferstehung angebrochen ist, soll auch im Wirken der Kirche weitergehen.

Die Kirche als „Feldlazarett"

In den neutestamentlichen Heilungsgeschichten zeigt sich ein Grundzug der Botschaft Jesu: Gott ist nicht passiv, sondern aktiv. Er handelt und setzt prophetische Zeichen, damit die Menschen neu aufleben können in Glaube, Hoffnung und Liebe. Diese Zeichen und Heilungen geschahen durch Jesus und in seinem Namen auch durch die Apostel. Die Heilungsgeschichten des Neuen Testaments sind demnach nicht nur in den Evangelien zu finden. Auch in der Apostelgeschichte etwa, dem zweiten Buch des Evangelisten Lukas, sind viele Heilungserzählungen überliefert. Wie Jesus, so heilen auch die Jünger nach der Auferstehung Jesu Kranke, Besessene oder Gelähmte. Gleich mehrmals ist die Rede davon, dass die Jünger große Zeichen und Wunder tun. Die Zuwendung Jesu zu den Kranken und Leidenden wirkt in der Kirche fort, den Kranken wurde von Seiten der Glaubensgemeinschaft besondere Fürsorge zuteil. Darum stehen die Wundertaten, die die Jünger vollbringen, allesamt in enger Verbindung mit dem Handeln Jesu.[46] Sie sollen zeigen, was Jesus der Kirche als Auftrag mitgegeben hat: zu heilen, was verwundet ist, und aufzurichten, was am Boden liegt.

Papst Franziskus hat das in einem seiner ersten Interviews prägnant und präzise zusammengefasst: „Ich sehe ganz klar, dass das, was die Kirche heute braucht, die Fähigkeit ist, Wunden zu heilen und die Herzen der Menschen zu wärmen

---

46 Vgl. Rudolf Pesch, Die Apostelgeschichte (EKK 5 [Studienausgabe]), Neukirchen-Vluyn [2]2014, S. 141–148.

– Nähe und Verbundenheit."[47] Die Kirche ist Jüngerin und Missionarin der Liebe (Papst Benedikt XVI.[48]), die die zärtliche Zuwendung Jesu, des Arztes, zu den Menschen bringt. Das Bild von der Kirche als „Feldlazarett"[49], das der Papst immer wieder verwendet, geht genau in diese Richtung. Die Kraft, die von Jesus ausgeht und alle heilt (vgl. Lk 6,19), wirkt auch in der Kirche fort. Sie ist ein Ort der Versöhnung, der Heilung und der Zuversicht, die den Menschen in eine hoffnungsfrohe Zukunft führt.

Auf anschauliche Weise wird das in der ersten Heilungserzählung in der Apostelgeschichte konkret (Apg 3,1–11). Da lesen wir, dass Petrus und Johannes gemeinsam zum Tempel unterwegs sind. An dessen Tor treffen sie auf einen gelähmten Mann, der sie um Almosen bittet. Der Gelähmte und die beiden Jünger blickten einander an, fassten so Zutrauen zueinander und Petrus sagte: „Silber und Gold besitze ich nicht. Doch was ich habe, das gebe ich dir: Im Namen Jesu Christi, des Nazoräers, steh auf und geh umher!" Sogleich spürte der

---

47 „Io vedo con chiarezza che la cosa di cui la Chiesa ha più bisogno oggi è la capacità di guarire le ferite e di riscaldare il cuore dei fedeli, la vicinanza, la prossimità." (Antonio Spadaro, Intervista a Papa Francesco, in: La Civiltà Cattolica 3918 [2013] S. 449–477, hier S. 461).

48 Homilie bei der Eröffnung der 5. Generalversammlung der Bischöfe von Lateinamerika und der Karibik am 13. Mai 2007: http://www.vatican.va/content/benedict-xvi/de/homilies/2007/documents/hf_ben-xvi_hom_20070513_conference-brazil.html. Zuletzt abgerufen am 27. 5. 2020.

49 Antonio Spadaro, Intervista a Papa Francesco, S. 461. Mit dem Begriff Feldlazarett („ospedale da campo") greift der Papst auf die Theologie der Kirchenväter zurück. Origenes etwa (gestorben um 254) nannte Christus den „himmlischen Arzt" (coelestis medicus) und hat zudem das Bild der Kirche als Krankenhaus (statio medicinae) theologisch ausgestaltet. Zitiert nach: Alex Stock, Poetische Dogmatik, Christologie, Bd. 4 (Figuren), S. 89.

Gelähmte Kraft in seinen Beinen und machte vor den Augen aller Anwesenden Freudensprünge. Was der Apostel dem Gelähmten geben kann, ist also keine materielle Unterstützung. Die Kraft und Vollmacht, die ihm Jesus übertragen hat, macht es möglich, dem Gelähmten sogar mehr zu geben als Gold und Silber. Dem Gelähmten wird das geschenkt, was ihm seit seiner Geburt fehlte: nämlich die Kraft seiner Beine, d. h. einfach umhergehen zu können, ohne auf die Hilfe anderer angewiesen zu sein. Petrus heilt ihn nicht von sich aus, sondern „im Namen Jesu Christi, des Nazoräers". Hier wird deutlich: Die Taten, die durch die ersten Christinnen und Christen geschehen, sind durch die Kraft des Namens Jesu bewirkt.

Noch in einer anderen Hinsicht ist diese Passage interessant: Am Anfang der Erzählung werden Petrus und Johannes, die eigentlich in den Tempel gehen wollten, vom Gelähmten an der Schwelle des Gotteshauses aufgehalten. Er erscheint hier gleichsam als ein „Hindernis". Der strenge Blick, mit dem Petrus den Gelähmten zuerst ansah[50], könnte darauf hindeuten, dass die Apostel jetzt eigentlich lieber zum Gottesdienst in den Tempel gehen und nicht von einem Bedürftigen angebettelt werden möchten. Dass sich aber Petrus von der Not des Mannes betreffen lässt und ihn heilt, macht deutlich, dass Gebet und Nächstenliebe aufs Engste zusammengehören.[51] Es wäre falsch gewesen, den Gelähmten in seinem Elend links liegen zu lassen und in den Tempel zum

---

50 Das griechische Wort atenízo kann mit „eindringlich ansehen" oder „gespannt hinsehen" wiedergegeben werden (vgl. Art. atenízo, Exegetisches Wörterbuch zum Neuen Testament, Bd. 1, Sp. 426). Pesch übersetzt mit: „Petrus blickte ihn scharf an ..." (Die Apostelgeschichte, S. 134).

51 Vgl. dazu Elmar Salmann, Christologische Orthodoxie und monastische Orthopraxie, in: ders., Zwischenzeit. Postmoderne Gedanken zum Christsein heute, Warendorf 2004, S. 71–95.

Gebet zu gehen. Im Gebet können die Nöte der Menschen nicht ausgeklammert werden. Unsere Vision als Christinnen und Christen geht vom Wort Gottes und vom Gebet aus und sucht die Nähe zu den Menschen. Wie wir mit den Armen umgehen, ist der Reality-Check für unseren Glauben. Ein Satz gegen Ende der Erzählung bringt es nochmals auf den Punkt: Nach der Heilung gingen Petrus und Johannes gemeinsam mit dem Gelähmten in den Tempel (Vers 8). Das ist ein wunderbares Bild. Petrus und Johannes nehmen den Geheilten gleichsam bei der Hand, gehen mit ihm in den Tempel und eröffnen ihm den heilsamen Lebensraum einer Glaubensgemeinschaft. Die Zuwendung zum Nächsten, die Heilung von Krankheiten und der Gottesdienst sind eine untrennbare Einheit. Der „Gottesdienst des Lebens" wird genährt aus der Verbundenheit mit Jesus, in dem unser Dasein wurzelt und in dessen Spuren wir unterwegs sind.

Diese Verbundenheit gibt Zuversicht in jeder Situation des Lebens. Ein Freund sagte mir auf den letzten Wegen seines Lebens, dass der Blick auf den heilenden Jesus, der zeigt, wie Gott rettet, ungeahnte Kraft schenkt und mit Zuversicht tröstet.

Zuversichtlich weitergehen: Ein heilsamer Gang durch das Kirchenjahr

Der HERR segne dich und behüte dich.
Der HERR lasse sein Angesicht über dich leuchten
und sei dir gnädig.
Der HERR wende sein Angesicht dir zu
und schenke dir Frieden.
Numeri 6,24–26

In einer persönlichen Krise ist man zunächst vielleicht verunsichert und wie gelähmt und weiß nicht recht weiter. Oder aber man hat alle Hände voll zu tun, um sich in der ungewohnten neuen Situation über Wasser zu halten. Da kann es manchmal hilfreich sein, sich einfach Schritt für Schritt und Handgriff um Handgriff weiter zu tasten. So wie der Straßenkehrer Beppo im Buch „Momo" auf der niederdrückend langen Straße, die vor ihm liegt, immer nur an den nächsten Besenstrich denkt, bis er schließlich feststellen kann, dass er Schritt für Schritt die ganze lange Straße gemacht hat – mit Ruhe und mit Freude, ohne außer Atem zu kommen (s. S. 23, 34f).

Auch das Kirchenjahr mit seinen Zeiten der Besinnung und des Feierns, des Fastens und der Feste, lädt uns ein zu einem heilsamen Gang durch die Höhen und Tiefen des Lebens. Nöte und Freuden, Sorgen und heilsame Erfahrungen, sie alle gehören zur Fülle des Lebens. Das Kirchenjahr ist ein Weg der Zuversicht.

Die Zeit des Advents ist darauf ausgerichtet, dem Kommen Gottes in unserer Welt den Weg zu bereiten. Das feiern wir mit dem Weihnachtsfest. Das Ende des alten und der Beginn eines neuen Jahres ist dann eine Zeit des Zurückblickens und des Ausblicks nach vorne in eine noch unbekannte und vielleicht ungewisse Zukunft. Die Fastenzeit lädt ein zur Standortbestimmung und Neuorientierung. Ostern feiert den endgültigen Sieg über Leiden und Tod, Pfingsten den Geist, der alles neu macht. Es folgen Zeiten des Wachsens und Reifens, Zeiten des Unterwegsseins, die Zeit der Ernte und des Dankens für die Gaben der Natur, bis zum Fest des „anderen Königs" am Ende eines Kirchenjahres.

Wege bereiten, damit Gott ankommen kann [Advent]

In vielfältigen Gesichtern begegnet uns der Advent. Er ist eine kalte, dunkle, neblige Zeit – und ebenso auch eine Zeit von Licht und Wärme. Er ist eine Zeit guter Geschäfte – und eine Zeit der Zuwendung zum Nächsten. Eine Zeit des Trubels in den Einkaufsstraßen – und eine Zeit stillen Kerzenscheins. Eine Zeit von Lärm, Stress und Hektik – und auch eine Zeit der inneren Einkehr. Viele, ganz verschiedene Gesichter hat der Advent. Und das ist auch gut so.

Advent ist die Zeit der Vorbereitung auf Weihnachten, damit wir am Sinn von Weihnachten nicht vorbei leben: Gott, der Inbegriff unserer tiefsten Wünsche und unserer Sehnsucht, kommt in diese unsere Welt. „Bahnt für den Herrn einen Weg durch die Wüste! Baut in der Steppe eine ebene Straße für unseren Gott!"[52] So heißt es beim Propheten Jesaja (Jes 40,3).

Wie aber kommt Gott in diese unsere Welt? Wie bahnen wir ihm den Weg?

Zum Ersten: Er ist immer schon da. Jeder Atemzug ist sein Geschenk. Nehmen wir ihn auch wahr? Die Schlüssel dafür sind Achtsamkeit und Dankbarkeit. Wir können ihn in den kleinen, unscheinbaren Dingen, Begegnungen und Ereignissen vielleicht eher entdecken als in den großen Leistungen und Errungenschaften: Eine Schneeflocke, ein Lächeln, der Sternenhimmel, das Spiel eines Kindes können uns etwas davon erahnen lassen. Wenn ein Mensch Hoffnung findet im Tal der Tränen und der Angst, dann steht

---

52 Zitiert nach der Einheitsübersetzung 1980.

dort die Krippe, aus der wärmendes und heilendes Licht ins Leben scheint.

Zum Zweiten: Wir können ihm begegnen, wenn wir Ungerechtigkeiten wahrnehmen, wenn wir Zivilcourage in unserem eigenen Umfeld zeigen, wenn wir am Frieden bauen, wenn wir uns einsetzen für eine geeinte Welt. Viele Hilfsorganisationen rufen uns gerade in dieser Zeit vor dem Weihnachtsfest in Erinnerung, was mit Menschwerdung Gottes auch gemeint ist: Solange Millionen Mitmenschen auf dieser Erde hungern, können wir an reich gedeckten Tischen nicht unbeschwert feiern. Und auch bei uns sind es nicht wenige, deren Gabentisch am Heiligen Abend leer bleibt.

Wir fühlen uns oft mutlos und ohnmächtig angesichts der Nöte, von Krieg, von Ungerechtigkeit und Ungleichheit. Unsere Mittel und Möglichkeiten sind so klein. Wir können nicht alle Nöte bannen. „Arme werdet ihr immer bei euch haben", sagt Jesus (Mt 26,11). Aber es geht darum, Zeichen zu setzen, Zeichen, die wirken, Zeichen der Hoffnung, die wir auch selber spüren. Eine chassidische Weisheit sagt: „Wer ein Leben rettet, rettet die ganze Welt." Mehr denn je ist es heute angesagt, dass wir uns einer Globalisierung der Gleichgültigkeit entgegenstellen und mitbauen an einem Netzwerk der Nächstenliebe. So kann es Weihnachten werden, wenn wir um uns und in der Welt ein wenig Licht und Wärme verbreiten.

Sternstunde der Menschheit [Weihnacht]

Es ist kein Zufall, dass wir Weihnachten in der dunkelsten Zeit des Jahres feiern. Die Dunkelheit der Nacht, vielleicht auch die Dunkelheit des eigenen Lebens, die bedrückt und verängstigt, wird erleuchtet durch die Botschaft der Heiligen Nacht: „Ein Kind ist uns geboren, ein Sohn ist uns geschenkt", heißt es beim Prophet Jesaja. Kinder machen das Leben froh und hell. Sie verscheuchen den Nebel der Sorge und der Angst und umhüllen das Leben mit Zuversicht und Freude. Die Geburt eines Kindes ist eine Sternstunde der Menschheit. In jeder Geburt drückt Gott seine Freude über den Menschen aus.

Stern in der Nacht

Jeder kennt wohl so etwas wie Sternstunden in seinem Leben: Momente, in denen uns ein Gefühl der Freude und des Glücks überkommt und wir uns tief geborgen wissen. So eine Sternstunde der Menschheit ist für mich auch die Geburt Jesu. Der Stern, der in der Heiligen Nacht aufgeht, das ist das göttliche Kind selber. Christus ist der Lichtfunke, der die Nachtseiten des Lebens sanft erhellt. Er ist der Stern, der uns aufgegangen ist und in uns das Feuer des Glaubens entfacht. Der kleine Kilian meinte einmal, als ihm seine Uroma eine Taschenlampe schenkte: „Jetzt ist es hell. Jetzt verschwinden auch die Monster."

Der göttliche Stern, der am Weihnachtsabend aufgeht, leuchtet nicht für sich allein. Sein Schein strahlt auch auf mich und mein Leben. Er vertreibt, was Angst und Sorge macht, was der kleine Kilian mit Monster bezeichnet. Das Licht von Weihnachten lockt mich heraus aus meinem Alltagstrott und lässt mich im wahrsten Sinn des Wortes in einem neuen Licht erscheinen. Durch das weihnachtliche Licht werde ich selber zu einem Menschen, der anderen den Weg weist.

Damit wird Weihnachten ganz praktisch. Denn an der Krippe werden wir zu Expertinnen und Experten der Menschlichkeit. Wir empfangen Licht, wir empfangen Zärtlichkeit und werden selber Licht für andere. „Maria versteht es, mit ein paar ärmlichen Windeln und einer Fülle zärtlicher Liebe einen Tierstall in das Haus Jesu zu verwandeln"[53], schreibt Papst Franziskus. Wer einmal wach geworden ist im Herzen, der sieht um sich herum viele, die auf ein Licht warten. Ich denke an alte Menschen, denen Einsamkeit und Armut das Herz bricht. Ich denke an Alleinerziehende, an Kinder und Jugendliche, die Unterstützung brauchen und eine helfende Hand. Ich denke an Asylsuchende, Obdachlose und Notleidende und an alle Menschen am sogenannten Rand der Gesellschaft. Für sie alle leuchtet das Licht der Weihnacht, dessen Schein wir in die Welt tragen. Für sie leuchtet ein Licht auch durch uns.

Wahrhaft menschlich

Weihnachten ist eine Sternstunde der Menschheit. Wenn Gott selbst in Jesu Geburt Mensch wird, sagt er uns damit auch, wer ich bin. Auch das ist heute wichtig. Viele Menschen wissen nicht mehr, wofür sie gebraucht werden, warum oder wozu sie da sind. Sie fühlen sich wert- und würdelos, erfahren beruflich und privat wenig Achtung und Wertschätzung.

Wie klein und banal wir vom Menschen denken, zeigt sich daran, dass wir bei Respektlosigkeit, Habgier, Neid oder Eitelkeit sagen: Das ist „menschlich." Eigentlich müsste es umgekehrt sein. Müssten wir nicht eher bei Fairness, Gerechtigkeit, Treue, Mitmenschlichkeit oder Solidarität sagen: „Das ist menschlich." Das sind Ausdruck und Zeichen eines wahren menschlichen Umgangs!

---

53 Papst Franziskus, Evangelii gaudium, Apostolisches Schreiben über die Verkündigung des Evangeliums in der Welt von heute (2013), Nr. 286.

Weihnachten zeigt uns zweierlei: Der Mensch ist zum einen der Hilfe bedürftig. Aus Not und Elend können wir uns nicht selbst befreien. Es braucht die helfende Hand anderer, die uns entgegengestreckt wird. Es braucht das tröstende Wort, das ich mir nicht selber sagen kann. Es braucht einen liebevollen Blick von anderen, der mir sagt: Du bist etwas Besonderes.

Zum anderen sind wir Menschen nicht nur der Hilfe bedürftig, sondern auch liebesfähig. Auch das zeigen viele Menschen in der Art und Weise, wie sie in Beruf und Familie mit den Mitmenschen umgehen. In der Geburt Jesu wird beides deutlich: Gott wird Mensch, um uns Erlösung zu bringen. Und zugleich wird in der Menschwerdung auch unsere Größe und Würde als Menschen deutlich. Gott teilt unser Leben, damit wir den Reichtum göttlicher Liebe empfangen und weiterschenken. Dort, wo wir es am wenigsten vermuten, können wir Gott begegnen. Im ganz banalen Alltag ist er anwesend, als Mensch mit uns, als Gott unter uns.

„Spur zur Ewigkeit"

Diese Menschlichkeit Gottes leuchtet auf in einem ganz und gar nicht „ordentlichen" Milieu. Versteckt, unscheinbar, inkognito, sichtbar nur für die Menschen am Rande des Weltgeschehens ist Gott Mensch geworden. Die wenigsten haben damals etwas von diesem Wunder erahnt. Am ehesten noch die Armen und Kleinen der Gesellschaft: einfache Hirten und Sterndeuter aus fremden Ländern. Sie haben als Erste begriffen, dass es in der Welt, die nach den Spielregeln von Herrschaft, von Macht und Gewalt funktioniert, auch noch eine andere Botschaft gibt, nämlich: Friede, Freude und Heil. In einem Gedicht von Pierre Stutz heißt es: „Weihnachten ist das Fest des geschenkten Lichtes. Wir feiern einen herabgestiegenen Gott, der uns durch seine Menschwerdung beschenkt mit seiner zärtlichen Nähe, seiner Sympathie in schweren Stunden, seinem Lachen und Weinen, seiner Spur zur Ewigkeit."

Segen, Vorzeichen der Liebe [Jahreswechsel]

Der Blick auf die zurückliegende Zeit kann ein Blick des Dankes sein, vielleicht aber auch ein Blick der Sorge und Trauer. Am Ende eines Jahres und am Beginn eines jeden neuen Jahres steht der innige Segenswunsch, mit dem Gott sein Volk durch den Hohepriester Aaron im Alten Testament segnen lässt:

Der HERR segne dich und behüte dich.
Der HERR lasse sein Angesicht über dich leuchten
und sei dir gnädig.
Der HERR wende sein Angesicht dir zu und schenke dir Frieden.
Numeri 6,24–26

Segnen: sich in die Gegenwart Gottes stellen

Was bedeutet es, eine Gesegnete, ein Gesegneter zu sein? „Lass dein Angesicht leuchten", das meint: Gott blickt zärtlich auf uns, er behütet und bewahrt uns, „er schaut auf uns". Ein solcher Schritt in die Gegenwart Gottes erfordert Mut, weil wir in einen Raum eintreten, der größer ist als unser Verstehen und unser Denken. Wir stellen uns am Beginn eines Jahres in die heilende und heilsame Gegenwart Gottes. Gesegnet zu sein heißt, die Berührung Gottes zu spüren, die

Liebe Gottes erfahrbar und greifbar zu erleben. Immer, wenn wir uns gegenseitig ein Kreuzzeichen auf die Stirn geben – als Ehepartner, als Eltern, als Kinder –, dann ist genau das die Zusage: Lass dich von Gott berühren, stell dich in diese Gegenwart Gottes.

Keine Versicherung – Vorzeichen der Liebe

Segnen bedeutet nicht, einem andern einzureden: Alles wird gut! Der Segen ist keine Versicherung. Gottes Segen schützt nicht magisch vor Unglück, aber er trägt in allem Leid und durch alles Leid. Jesus ist als Sohn Gottes diesen Weg selbst gegangen.

Wie in der Musik ein Vorzeichen den Ton verändert, so steht Gottes Segen wie eine Zusage der Liebe und der Treue vor allen Situationen unseres Lebens. Das Vorzeichen der Liebe Gottes gibt uns Halt auch in den schwierigen Situationen des Lebens.

Bei der Beerdigung eines Jugendlichen habe ich genau das erlebt. Es war berührend zu spüren, wie junge Menschen diese Familie tragen. Das Leid ist unermesslich, wenn man das eigene Kind beerdigen muss; die Wut, die Angst, die Trauer, die Ohnmacht, die einen da überfallen, ebenso. Aber mitten in dieser Situation des Schmerzes und des Abschieds standen auch Umarmungen und der Zuspruch der Liebe und des Segens Gottes.

Feinde segnen

„Segnet eure Verfolger, segnet sie, verflucht sie nicht!", heißt es im Römerbrief (12,14). Wir wissen alle: Es gehört wohl zum Schwersten, diejenigen zu segnen, die uns Böses wollen, die schlecht über uns reden, die uns die kleinen und großen Erfolge nicht gönnen und uns das Leben schwer machen.

Zentral im christlichen Glauben ist die Haltung der Versöhnung und des Verzeihens.

Dietrich Bonhoeffer hat während des Zweiten Weltkrieges aktiv im Widerstand gegen das nationalsozialistische Regime gekämpft und wurde 1945 hingerichtet. Nach mehr als einem Jahr Haft schreibt er aus dem Militärgefängnis Tegel: „Segnen heißt, die Hand auf etwas legen und sagen: Du gehörst trotz allem Gott." Bonhoeffer zeigt eine Möglichkeit auf, wie wir mit Menschen umgehen können, die uns Leid zugefügt haben: sie nicht zu verachten, zu verfluchen oder gar zu verdammen, sondern die Hand auf sie zu legen und zu sagen: Auch du bist ein gesegnetes Kind Gottes. Wer selbst gesegnet wurde, kann nicht anders, als diesen Segen weiterzugeben und selbst zum Segen zu werden. Nur wer aus der Spirale von Gewalt und Gegengewalt, von Hass und erwidertem Hass aussteigt, kann die Welt erneuern.

Wen stelle ich dar?
[Fest Darstellung des Herrn]

40 Tage nach dem Fest der Geburt Christi feiert die katholische Kirche am 2. Februar das Fest der „Darstellung des Herrn". Nach jüdischer Vorschrift brachten Maria und Josef ihren erstgeborenen Sohn an diesem Tag in den Tempel. Hier begegneten sie dem greisen Simeon, der Jesus pries als „ein Licht, das die Heiden erleuchtet" (vgl. Lk 2,22ff).

Der Theologe Gisbert Greshake unterscheidet zwischen einem „herstellenden" und einem „darstellenden Handeln"[54]. In

---

54 Gisbert Greshake, Maria – Ecclesia. Perspektiven einer marianisch grundierten Theologie und Kirchenpraxis, Regensburg 2014, S. 485–488.

vielen beruflichen oder auch privaten Herausforderungen wird oft verlangt, dass wir Konzepte entwerfen, Visionen für die Zukunft entwickeln, Initiativen starten, Lösungen finden. Das ist herstellendes Handeln. In vielen Bereichen des Lebens braucht es Menschen, die mit Mut und Ideen vorangehen.

Auf der anderen Seite gibt es auch noch eine andere Realität, nämlich die des darstellenden Handelns. Dabei geht es weniger um Leistung, nicht um das „Machen", auch nicht um Effizienz. Darstellendes Handeln im Auftrag Gottes meint: für Christus zu stehen, auf ihn zu verweisen, sodass die Fülle seiner Liebe in und durch unser Leben für die Menschen spürbar, greifbar, erfahrbar werden kann. „Was von uns heutzutage verlangt wird, ist nicht so sehr über Christus zu reden, sondern eher ihn in uns leben zu lassen, damit die Menschen ihn finden können, indem sie ihn in uns lebend entdecken" (Thomas Merton[55]). Darstellung des Herrn – darstellendes Handeln – darstellende Seelsorge. Wie kann das im Leben von uns Christinnen und Christen aussehen?

Darstellung des Herrn durch die Freundschaft mit Jesus Christus

Entscheidend für uns ist es, auf Christus zu schauen, wo auch immer wir beruflich oder familiär hingestellt sind: auf sein Wort zu hören und mit ihm zu leben (im Geheimnis Gottes zu Hause sein). Wir brauchen an allen Orten der Gesellschaft, in unseren Schulen, Betrieben und Organisationen Zeuginnen und Zeugen der Auferstehung – Menschen, die aus ihrer Beziehung zu Gott leben. Wir brauchen Menschen, die durch ihr

---

55 Zitiert nach: Tomáš Halík, Geduld mit Gott. Die Geschichte von Zachäus heute, aus dem Tschechischen übersetzt von Vratislav J. Slezák, Freiburg ²2011, S. 44f.

Leben bezeugen, dass das große Ja Gottes zur Welt, zum Menschen, zu mir persönlich nie zurückgenommen wird.

Wir alle spüren: Auf der Kirche Europas lastet seit langem ein Schatten des Pessimismus. Die personelle Situation, der ständige Anstieg der Austritte, die religiöse Gleichgültigkeit – hier merken wir, dass all unser Tun, all unsere Anstrengung scheinbar keine Kehrtwende schaffen kann.

Und trotzdem müssen wir darauf achten, dass wir nicht der Ketzerei der Angst und des Pessimismus verfallen. Darstellendes Handeln heißt auch, in diesem Vertrauen zu Gott zu leben: in dem Wissen, dass er der treue Begleiter, der Herr der Geschichte und meines Lebens ist. Dieses Vertrauen ist unser Kapital. Wenn wir Christus ansehen, wächst dieses Vertrauen.

Darstellung des Herrn durch die Hinwendung zu den Armen

Darstellendes Handeln ist wesentlich auch verbunden mit der Hinwendung zu den Menschen, besonders zu den Armen und Benachteiligten. Der Einsatz für die Armen ist zu allen Zeiten die glaubwürdigste Form der Glaubensverkündigung.

Armut ist materiell, Armut ist aber auch seelisch. Die Zuwendung zum einzelnen Menschen, das Eintreten für jene, die keine Stimme haben, ist eine Hauptaufgabe für uns Christinnen und Christen. „Dein Ort ist / wo Augen dich ansehn / Wo sich die Augen treffen / entstehst du"[56], heißt es bei Hilde Domin. Der Ort eines Christen ist an der Seite der Armen, Einsamen und Vergessenen. Für viele Menschen ist das Ich zu einem Gefängnis geworden, zu einem Gefängnis der Ein-

---

56   Aus dem Gedicht „Es gibt dich", s. Anm. 22.

samkeit. Die Zukunft hingegen liegt im Wir. Die Caritas hat das zu einem Leitsatz gemacht: „Wir > Ich" – Das Wir ist größer als das Ich. Das ist ein Programm für die Wirtschaft, für die Politik, für die Kirche. Auch beim Propheten Jesaja hat es geheißen: „Der Geist GOTTES, des Herrn, ruht auf mir. Denn der HERR hat mich gesalbt; er hat mich gesandt, um den Armen frohe Botschaft zu bringen, um die zu heilen, die gebrochenen Herzens sind, um den Gefangenen Freilassung auszurufen und den Gefesselten Befreiung ..." (Jes 61,1).

Ein Erlebnis beim Abschlussgottesdienst der Familiensynode 2015 macht das konkret. Unter den Gläubigen, die während der Gabenbereitung Gaben zum Altar brachten, war auch ein Mädchen, dessen Gesicht stark entstellt war. Papst Franziskus bückte sich zu ihr und hat ihr Gesicht geküsst. Das ist die Haltung, die es braucht, und sie ist ein berührendes Beispiel für darstellende Seelsorge: Sie besteht in der liebenden, zärtlichen Hinwendung zu den Menschen. In solchen Gesten können wir die grundlose Liebe Gottes darstellen und gleichzeitig werden wir so selber von dieser Kraft der Liebe berührt und umarmt. Durch eine solche Seelsorge der Nähe und der Präsenz schenken wir den Menschen Würde und Ansehen. Solche darstellenden Gesten verändern alle Herzen, an erster Stelle das eigene. Und nur die Veränderung der Herzen verändert die Welt.

Darstellung des Herrn durch das Schaffen von Anders-Orten

In unserer Gesellschaft zählen vor allem Einfluss, Macht, Geld, Leistung, Effizienz. Für persönliche Schwächen, für Umkehr oder Versöhnung ist hier wenig Platz. Mit der Technik kann man viele Entfernungen überwinden, sie schafft aber keine Nähe.[57] Umso mehr glaube ich, dass die Kirche zu einem „Anders-Ort" (Michel Foucault[58]) werden muss.

Papst Johannes Paul II. hat einmal auf die Frage, was denn für die Zukunft der Welt am wichtigsten sei, gemeint: Gerechtigkeit und Versöhnung.[59] Eine Änderung des Herzens und des Handelns geschieht allein, wenn wir auf Christus schauen. Im Evangelium des Festes der Darstellung des Herrn wird davon berichtet, wie durch die Begegnung mit dem kleinen Jesus das Herz des greisen Simeon zu einem Anders-Ort wird, zu einem Ort des inneren Friedens. Darstellung des Herrn wird möglich, wenn Demut und nicht Herrschsucht, Bescheidenheit und nicht Eitelkeit, Freiheit und nicht Unterwerfung, Ehrlichkeit und nicht Scheinheiligkeit groß geschrieben werden. Darstellung des Herrn ist möglich, wo das Vertrauen auf Gott und in die Mitmenschen gelebt wird. So können magnetisch anziehende Anders-Orte entstehen, die in der Bibel vielleicht heißen würden: Reich Gottes.

---

57 Vgl. Martin Heidegger, Die Frage der Technik, in: ders., Gesamtausgabe, I. Abteilung: Veröffentlichte Schriften 1910–1976, Bd. 7 (Vorträge und Aufsätze), Frankfurt/Main 2000, S. 5–36.

58 Michel Foucault, Die Heterotopien. Der utopische Körper: Zwei Radiovorträge, Berlin 2013. Vgl. dazu auch: Christian Bauer, Kritik der Pastoraltheologie. Nicht-Orte und Anders-Räume nach Michel de Certeau und Michel Foucault, in: ders., Michael Hölzl (Hg.), Gottes und des Menschen Tod? Die Theologie vor der Herausforderung Michel Foucaults, Mainz 2003, S. 181–216.

59 Vgl. Botschaft zur Feier des Weltfriedenstages vom 1. Januar 2002.

Lachen ist die beste Medizin
[Fasching]

Diese alte Volksweisheit ist heute wissenschaftlich erforscht. Lachen stärkt das Herz-Kreislauf-System und die Abwehrkräfte, es fördert die Durchblutung, wirkt stressreduzierend, vertreibt Sorgen und Traurigkeit, beugt Depressionen und Burnout vor und stiftet Zuversicht. Diese wirkungsvolle und kostengünstige Therapie können wir von den Kindern lernen. Sie lachen durchschnittlich 400 Mal am Tag – und damit 20 Mal mehr als Erwachsene.

Wirf deine Sorgen auf den Herrn

Lachen, Humor und Freude führen in eine Haltung der Gelassenheit, die uns auch der Evangelist Matthäus ans Herz legt: „Sorgt euch nicht um euer Leben, was ihr essen oder trinken sollt, noch um euren Leib, was ihr anziehen sollt! Ist nicht das Leben mehr als die Nahrung und der Leib mehr als die Kleidung?" (6,25). Leichtigkeit, Gelassenheit und Freude klingen auch aus den Worten des Predigers im Alten Testament, wenn er feststellt: „Es gibt eine Zeit zum Weinen und eine Zeit zum Lachen, eine Zeit für die Klage und eine Zeit für den Tanz" (vgl. Koh 9,7; s. S. 35). Und er ruft auf, sich am Leben zu freuen: „Iss freudig dein Brot und trink vergnügt deinen Wein; denn das, was du tust, hat Gott längst so festgelegt, wie es ihm gefiel" (Koh 9,7). Nicht nur Unterhaltungskünstler, Kabarettisten, Lachtherapeuten oder CliniClowns leben diese Weisheit. Alltägliche Scherze und humorvolle Anekdoten lassen uns schmunzeln und laden ein, die Welt und menschliche Schwächen einmal von einer anderen, höheren Warte aus zu betrachten. Das tut gut.

Gebet um Humor

Ich wünsche uns die Gelassenheit, die auch im bekannten Gebet um Humor des heiligen Thomas Morus durchklingt: „Schenke mir eine gute Verdauung, Herr, und auch etwas zum Verdauen. Schenke mir Gesundheit des Leibes, mit dem nötigen Sinn dafür, ihn möglichst gut zu erhalten ... Schenke mir eine Seele, der die Langeweile fremd ist, die kein Murren kennt und kein Seufzen und Klagen, und lass nicht zu, dass ich mir zu viele Sorgen mache um dieses sich breitmachende Etwas, das sich Ich nennt. Herr, schenke mir Sinn für Humor.“

Wo bist du? [Fastenzeit]

Als Kind habe ich gern und oft Verstecken gespielt. Ob im Haus oder draußen im Freien, überall haben wir Verstecke gefunden, um möglichst lange unentdeckt zu bleiben. War dies gelungen, kam nach einiger Zeit die ungeduldige Frage: „Wo bist du?“

Wo bist du? Das ist in der Bibel die erste Frage, die Gott dem ersten Menschen, Adam, stellt (vgl. Gen 3,9). Nachdem er von der verbotenen Frucht im Garten Eden gegessen hatte, hat sich Adam vor Gott versteckt: aus Scham und Furcht, sich für seine Taten rechtfertigen zu müssen. Wo bist du? Hier geht es nicht mehr um ein Spiel, sondern um eine ernst zu nehmende Frage, die an die eigene Verantwortung erinnert.

Lebens-Fragen

Ich merke es immer wieder: Vor den wichtigen Fragen des Lebens flüchtet man sich gerne in ein Versteck. Sie werden zwischen der Dauerbeschallung durch die sozialen Medien und dem ständigen Hinterherlaufen von einem Termin zum nächsten gern betäubt, überhört und schließlich vergessen. Wer vor etwas davonläuft, ist orientierungslos. Und man beginnt zu fragen: Wo bin ich? Wo stehe ich in meinem Leben? Und vor wem oder was verstecke ich mich?

Die Fastenzeit kann eine Zeit sein, in der man sich solchen Fragen stellt. Es ist eine Zeit der Suche, der Prüfung, der Entscheidung, des Loslassens, des Wiederaufstehens. Eine Zeit, sich aus dem Versteck herauszuwagen und neuen Mut zu schöpfen. Wer die Augen aufmacht und das eigene Leben in den Blick nimmt, wird vieles entdecken: Schweres und Leichtes, Gelungenes und vertane Chancen, Wut und Freude, Last und Lust. Weder ein verklärender Rückblick in die Vergangenheit noch ein sehnsüchtiger Ausblick in die Zukunft soll uns daran hindern, die Augen auf die Gegenwart zu richten. Wer bist du – *jetzt*? Der Mystiker Meister Eckhart hat einen tröstlichen Gedanken geschrieben: „Gott ist ein Gott der Gegenwart. Wie er dich findet, so nimmt und empfängt er dich: Nicht als das, was du gewesen, sondern als das, was du jetzt bist."[60]

Was gibt dir Hoffnung?

Sehr oft komme ich mit Menschen zusammen, die wegen Krankheit oder Todesfällen in der Familie am Sinn des Lebens zweifeln. Da werde ich häufig gefragt: Was gibt dir Hoffnung? Woher nimmst du die Überzeugung, dass alles gut wird und nicht Tod und Trauer, sondern Gottes Ja zum Leben das letzte Wort hat? Mögliche Reaktionen in Krisen sind Verzweiflung, Resignation, Lähmung oder Wut. Auch Verstecken

---

60 Vgl. Gotthard Fuchs. Mit Gott kannst du nichts versäumen. Vom Umgang mit der Zeit, Bad Camberg 2008.

ist eine davon. Eine Krise kann aber auch zur Startbahn einer Neuorientierung werden. Leider geht das nicht automatisch, sondern erfordert Mut, Vertrauen, eine gute Freundin/einen guten Freund und den Glauben daran, dass fast immer ein Neuanfang möglich ist.

Zu erleben, wie Menschen neu aufzuleben beginnen, wenn sie schlimme Situationen hinter sich lassen konnten, macht mich unendlich dankbar. Das stärkt meinen Glauben an einen Gott, der den Tod besiegt hat und das Leben in Fülle für alle will. Das ist es, was mir Hoffnung und Zuversicht gibt – in jeder Situation.

Da gibt es nichts mehr zu feiern
[Karfreitag]

Der Gekreuzigte. Ein Mensch mit gebundenen Händen, festgenagelt auf Urteile, die sich andere über ihn gemacht haben. Bloß- und zur Schau gestellt. Ohnmächtig und allein gelassen. Verwundet. Viele gegen einen. Auch ein Bild unserer Zeit?

Hass und Liebe – diese zwei Grunddimensionen des Lebens bestimmen das Osterfest. In der Hinrichtung Jesu am Kreuz prallen sie aufeinander. Verleumdung, Spott, körperliche Gewalt, Folter und schließlich der Tod stellen sich gegen die Lebenshaltung Jesu, die sich in Liebe zu den Menschen hinunterbeugt; die eingliedert und nicht ausschließt; die vergibt und nicht verurteilt. Mit dieser Haltung brachte Jesus jedoch die religiöse und politische Ordnung durcheinander. „This Jesus must die!" – „Dieser Jesus muss sterben!", singt der Chor im Musical „Jesus Christ Superstar". Der Weg der Liebe endet im Kreuzweg, in der Passion.

In-Frage-Stellen

Der Karfreitag macht die dunkle Seite des Lebens sichtbar und stellt sich somit gegen die weit verbreitete Tendenz, das Leid wegzuschieben und so zu tun, als ob es nicht da wäre. Die Not anderer wirft unangenehme Fragen auf: Wie sieht es mit meiner Solidarität aus? Warum geht es mir besser als den anderen? Und warum gibt es überhaupt Leid? Am Karfreitag kann man den „leidigen" Themen des Lebens nicht ausweichen. Man muss sich ihnen stellen. Diese Fragen hören und sie aushalten lernen, ist ein erster, wichtiger Schritt.

Dass diese dunkle Seite des Lebens nicht ausradiert werden muss, ist eine tröstliche Botschaft der drei österlichen Tage. Den Ostersonntag gibt es nicht ohne den Karfreitag, die Auferstehung Jesu nicht ohne seinen Tod. Beides gehört zusammen. Ostern macht den Tod Jesu nicht vergessen. „Wer im Jubel der Ostersonntagsansprache nichts mehr vermisst, der hört nicht die Osterbotschaft, sondern einen antiken Siegermythos" (J. B. Metz[61]). Damit ist gemeint: In den Halleluja-Rufen des Ostermorgens müssen auch noch jene Stimmen zu hören sein, die mit Jesus am Karfreitag die Abwesenheit Gottes beklagt haben: „Mein Gott, mein Gott, warum hast du mich verlassen?" Die Opfer der Geschichte dürfen nicht vergessen werden. Selbst der auferstandene Jesus ist kein Held, vielmehr wird er von den Jüngern an seinen Wunden erkannt. Die Wunden Jesu wurden zu einem Prägemal.

Perspektiven

Feiertage sind mehr als Freizeit. Sie unterbrechen den Alltag und bringen uns zum Nachdenken über die wichtigen Fragen

---

61 Mystik der offenen Augen, Freiburg 2011, S. 159.

des Lebens. Die Realität des Todes und das Schicksal der Leidenden gehören dazu. Das besondere des Karfreitags liegt in der Perspektive, die er aufreißt. Der Tod Jesu würde sich in die vielen sinnlosen Martertode der Geschichte einreihen, wäre da nicht der Blick auf die anderen, auf uns. „Es gibt keine größere Liebe, als wenn einer sein Leben für seine Freunde hingibt" (Joh 15,13). Jesus ist aus Liebe zu den Menschen gestorben. Dieses große Freundschaftsangebot gilt auch uns. Damit wird ein Weg aus aller Ausweglosigkeit erahnbar und das Tor zur Osterhoffnung sanft aufgestoßen.

Hoffnung für alle [Karsamstag]

In den letzten Tagen des Lebens Jesu verdichtet sich alles, was das menschliche Dasein an hellen und dunklen Seiten zu bieten hat. Hoffnungsfroher Jubel und enttäuschte Erwartungen, Zeichen der Liebe und Worte der Verleugnung, Freundschaft und Verrat, Todesangst und die Erfahrung, dass das Leben trotz allem doch weitergeht, reihen sich nahtlos aneinander. In der Karwoche gibt es einen Tag, von dem ich oft den Eindruck habe, dass er weitgehend unbekannt ist und wenig beachtet wird: der Karsamstag. Karl Rahner meinte einmal treffend: „Wenn wir an den Karsamstag denken, können wir eine seltsame Beobachtung machen: In unserem religiösen Leben überspringen wir ihn. Wir feiern den Karfreitag und Ostern, das Sterben und das Auferstehen des Menschensohnes, der unser Heil ist. Das, was zwischen diesen beiden Tagen ist, nämlich den Karsamstag, übersehen wir."[62]

---

62 Karl Rahner, „Abgestiegen ins Totenreich", in: ders., Schriften zur Theologie, Bd. 7, Einsiedeln 1966, S. 145.

Ist der Karsamstag also eine störende Unterbrechung zwischen Tod und Auferstehung, der das Warten auf den Ostertag künstlich in die Länge zieht? Ein unliebsamer Zwischenschritt, den man auch überspringen könnte und dem man deshalb wenig Beachtung schenkt?

Grund genug, einmal genauer hinzuschauen und zu fragen, was am Karsamstag eigentlich „passiert"? Am besten bringt es ein alter Text auf den Punkt: „Tiefes Schweigen herrscht heute auf der Erde."[63] Der Karsamstag ist der Tag der Grabesruhe. Es passiert nichts. Passivität, Schweigen, Abwesenheit bestimmen die Szene. Der Leichnam Jesu wurde in ein Grab gelegt, sein Tot-Sein damit besiegelt. Die Schreie des Karfreitags: „Kreuzige ihn" sowie „Mein Gott, mein Gott, warum hast du mich verlassen?" sind verstummt. Geschlagene Stille erfüllt jenen Raum, der kurz zuvor noch Schauplatz der Passion war. Alles – auch die Liturgie – ist auf ein Minimum reduziert: Es gibt keine Eucharistiefeier, keine Andachten, nur das Stundengebet. Auch die Berichte in den Evangelien sind kärglich. Man liest lediglich: Jesus wird in das Grab gelegt und dessen Eingang mit einem Stein verschlossen. Mehr nicht. Der Tod Jesu scheint auch die biblischen Schriftsteller sprachlos gemacht zu haben – und das ist gut so. Zum Tod gehört die stille Trauer, nicht das viele Geplapper. Am Karsamstag verweilen wir vor dem Grab Jesu – und schweigen.

Mit dieser Ruhe tun wir uns schwer. Nicht nur, weil es generell mit einiger Mühe verbunden ist, mitten im Hin und

---

63 Aus einer Homilie am großen und heiligen Sabbat, Epiphanios zugeschrieben (PG 43, 439). Vgl. auch Lektionar zum Stundenbuch. Authentische Ausgabe für den liturgischen Gebrauch (I/2: Erste Jahresreihe, 2. Band: Fastenzeit), Einsiedeln u. a. 1978, S. 199f.

Her des Lebens Stille auszuhalten. Wir tun uns auch schwer damit, weil Gott scheinbar schweigt zu dem, was seinem Sohn angetan wurde. Warum greift er nicht gleich ein? Warum diese endlos scheinende Zeitspanne, bis sich endlich ein Hoffnungsschimmer auftut? Der Karsamstag ist auch der Tag der Verborgenheit Gottes. Am Karfreitag konnten wir noch auf den am Kreuz Durchbohrten blicken. Am Karsamstag ist dieser Blick durch den Stein, der das Grab verschließt, versperrt. Kein Gott hat ihn gerettet.[64]

Und plötzlich rückt die Erfahrung des Karsamstags – dass Gott nicht da ist und zu allem Leid zu schweigen scheint – ganz nahe an unser Leben. Der Karsamstag als Tag des Todes und des Schweigens Gottes – ist das nicht die Erfahrung, die unzählige Menschen machen? In vielen seelsorglichen Gesprächen mit Hinterbliebenen, die plötzlich und unerwartet vom Tod eines lieben Menschen getroffen wurden, höre ich immer wieder diese eine Frage: Warum hat Gott das zugelassen? Warum hat er nicht geholfen? Wo war er, als mein Kind, meine Gattin, mein Freund verunglückt ist? In diesen Situationen kann ich nichts anderes machen, als die Sprachlosigkeit der Betroffenen zu meiner eigenen zu machen und mit ihnen mitzuschweigen und mitzuleiden. Viele Menschen kennen nur den Karfreitag und der Rest ihres Lebens scheint ein unendlicher Karsamstag des Schweigens Gottes zu sein.

Der Karsamstag ist also keineswegs ein bloßer Zwischenschritt, den man gut und gern auch überspringen könnte. Er ist vielmehr ein Tag voller schmerzlicher Realität des Lebens. Sie kann man in ihrem ganzen Ausmaß erst dann erahnen,

---

64 Joseph Ratzinger, Karsamstag, in: ders., Gesammelte Schriften, Bd. 6/2 (Jesus von Nazareth. Beiträge zur Christologie), hrsg. von Gerhard Ludwig Müller, Freiburg 2013, S. 1115–1122.

wenn man das Ostergeschehen mit den Augen der ersten Jüngerinnen und Jünger betrachtet. Sie wussten nämlich nicht, dass es nach dem Karfreitag und dem Karsamstag einen Ostermorgen geben wird. Anders als für uns, die wir am Karfreitag immer auch schon auf das Halleluja der Osternacht schielen, war für sie nicht von vornherein klar, dass Jesus von den Toten auferstehen wird.

Das ist die Situation des Karsamstags, in der sich viele Menschen wiederfinden. Auch sie wissen nicht, wie lange die Zeit des Leides, der erfahrenen Gottesferne, der Depression und der Trauer noch dauern wird. Deshalb ist der Karsamstag ein Tag, den man ernst nehmen sollte. Er ist sowohl in religiöser als auch in existenzieller Hinsicht von großer Bedeutung: Er steht für die Solidarität Jesu mit den Toten und allen Leidenden, die keinen Ausweg aus ihrer aktuellen Situation sehen.[65] Um diese Realität des Lebens ernst zu nehmen, sollte die Dunkelheit des Karsamstags nicht vorschnell durch das Licht des Ostersonntags erhellt werden. Der Karsamstag verbietet jeden billigen Trost. Er steht vielmehr für den verstummten Schrei angesichts des Todes und der Not in der Welt.

Wo aber geht hier eine Perspektive der Hoffnung und der Zuversicht auf? Als sie vom Karsamstag berichteten, waren die biblischen Autoren von Sprachlosigkeit erfasst. Das Glaubensbekenntnis hingegen gibt mit einem Satz knapp Auskunft: „Hinabgestiegen in das Reich des Todes." Wenn am Karsams-

---

65 Vgl. Hans Urs von Balthasar, Mysterium Paschale, in: Mysterium Salutis. Grundriss heilsgeschichtlicher Dogmatik, hrsg. von Johannes Feiner und Magnus Löhrer, Bd. 3/2 (Das Christusereignis), Einsiedeln u. a. 1969, S. 237–243. Es ist vor allem sein Verdienst, dass er die Theologie und Spiritualität des Karsamstags von mythologischen Überhängen befreit und neu zugänglich gemacht hat.

tag etwas „geschah", dann das: Jesus wurde eins mit den Toten. Tod meint hier, getrennt zu sein von allen Menschen,
auch von Gott. Das Reich des Todes, im Alten Testament
Scheol genannt, ist der „Ort", besser: der Zustand im Jenseits,
an dem absolute Beziehungslosigkeit und Verlassenheit herr-
schen – wo kein tröstendes Wort gesagt wird, niemand mir eine helfende Hand reicht oder eine Träne von den Wangen
wischt. In dieses Niemandsland der Einsamkeit ist Jesus hinabgestiegen und hat es mit seiner liebenden Gegenwart erfüllt. Er, als Gottes Sohn, geht dorthin, wo Gott gerade nicht
ist, um den Menschen seine tröstende Nähe zu schenken. Seit
Jesus gestorben ist, ist der Tod nicht mehr dasselbe wie zuvor.
Im Reich des Todes hat Christus alle Schatten- und Nachtseiten des Lebens, ja sogar den Tod liebend aufgefangen.[66] Das ist
ganz bildlich gemeint: Christus steigt am Karsamstag tiefer
hinab, als jeder Mensch es könnte, und bereitet so einen heil-
vollen Untergrund, unter den niemand zurückfallen kann.
Noch einmal Karl Rahner: „Seit Er hinabgestiegen ist in die
grund- und bodenlose Tiefe der Welt, gibt es keine Abgründe
des Daseins mehr, in denen ein Mensch allein gelassen wäre."[67] Wenn Christus sogar in das Reich des Todes hinabgestiegen ist und den Ort der Verlassenheit mit seiner liebenden Nähe erfüllt hat, dann ist in der Einsamkeit immer auch Beziehung, in jeder Hoffnungslosigkeit immer ein Schimmer von
Zuversicht. Ein Wort aus Psalm 139 bekommt hier einen neu-
en Klang: „Wenn ich hinaufstiege zum Himmel – dort bist du;
wenn ich mich lagerte in der Unterwelt – siehe, da bist du."

---

66 Hans Urs von Balthasar hat in diesem Zusammenhang von „Unter-
    fassung" gesprochen. Vgl. dazu Theodramatik, Bd. 4 (Das Endspiel),
    Einsiedeln 1983, S. 294–337.

67 Karl Rahner, „Abgestiegen ins Totenreich", S. 149.

„Der Karsamstag – das ist unser Tag", hat Maurice Blondel einmal gesagt.[68] Dieses dunkelste Geheimnis unseres Glaubens – dass Gott mit den Toten tot ist – ist zugleich ein Zeichen der Hoffnung für alle. Seit dem Karsamstag ist auch die letzte Facette des menschlichen Lebens, nämlich der Tod, durch einen Lichtschimmer von Glaube, Hoffnung und Liebe zart erhellt. Das kann Trost spenden und Quelle neuer Zuversicht sein. Jedoch darf man nicht vergessen: Die Erfahrung von Not und Verzweiflung bleibt deshalb nicht erspart. Und auch der Glaube kann Schmerz und Leid nicht von Haus aus beseitigen. Es gibt keinen Automatismus, auch kein Patentrezept, das einen Ausweg aus dem zeigt, was der selige Carl Lampert „Wahnsinn des Lebens" nannte. Wir können bitten und hoffen, dass die Dunkelheit des Leids nicht endlos sei, und darauf vertrauen, dass Christus auch in jenen Situationen Hoffnung schenkt, in denen nach menschlichem Ermessen absolute Hoffnungslosigkeit herrscht. Christus ist nicht nur im Leid, sondern auch im Tod mit uns solidarisch. Ein im wahrsten Sinn des Wortes „sympathischeres" Gottesbild als das christliche ist nicht denkbar. Der Karsamstag vertröstet nicht und spendet auch keinen billigen Trost. Denn Christus selber ist tot und begraben. Ich finde, genau darin liegt die große und zugleich brisante Bedeutung des Karsamstags: Wir dürfen darauf hoffen, auch in der Stunde tiefster Verlassenheit nicht allein zu sein. Christus hat in seinem Tod das Schicksal der Menschen ganz auf sich genommen, um uns in jedem Moment unseres Lebens das Tor zum Vater und zum Leben aufzutun.

---

68   „C'est notre jour, le Samedi Saint." (Maurice Blondel, Tagebuch vor Gott. 1883–1894 [= Carnets intimes], übertragen von H. U. von Balthasar und eingeleitet von P. Henrici, Einsiedeln 1964, S. 375).

Balsam für die Wunden
[Ostern]

Corona hat die Welt verändert. Angesichts der großen Zahl an Kranken und Toten weltweit spüren wir ganz besonders die Verwundbarkeit und Zerbrechlichkeit des Lebens. Und unsere Hilflosigkeit. Wie können wir, die wir gern Herr der Lage sind, mit dieser Ohnmachtserfahrung umgehen? Was mich auch beschäftigt: Wie können wir in unserer Not auch die Not der anderen sehen – nicht zuletzt das Elend der Flüchtlinge in Griechenland? Eine berührende Antwort gibt die jüdische Intellektuelle Etty Hillesum; sie wurde 1943 in Auschwitz ermordet. Ihre Tagebucheinträge aus dem Konzentrationslager beendete sie mit den – angesichts der Erniedrigung, Gewalt und Grausamkeit, die sie erfahren musste – unvorstellbar einfühlsam zärtlichen Worten: „Man möchte Balsam für viele Wunden sein."[69]

Dieser Satz weckt aktuelle Bilder. Wenn wir wieder zu einem normalen Leben zurückkehren können und einander in den Straßen oder bei der Arbeit treffen, sollten wir uns daran erinnern, dass die Personen neben mir vielleicht Wunden mit sich tragen, die noch nicht geheilt sind. Jene, die einen lieben Menschen verloren haben und sich womöglich nicht verabschieden konnten. Jene, die selber krank waren und Angst um ihr Leben hatten. Jene, die beruflich oder privat an ihre Grenzen geraten sind. Sie – wir alle – brauchen dann ein aufrichtendes Wort, einen tröstenden Blick, ein Lächeln, das Freude schenkt. Balsam für die vielen Wunden.

Die Auferstehung Jesu, die wir jeden Sonntag feiern, öff-

---

69   Zitiert nach: Isabella Guanzini, Zärtlichkeit. Eine Philosophie der sanften Macht, München 2019, S. 207.

net im Leid eine Tür zum Leben. Zwar mischt sich zum freudigen Halleluja manchmal eine gedämpfte Moll-Stimme. Und dennoch tritt der Auferstandene auch da in unsere Mitte – in die Mitte unserer Verzweiflung, Nöte und Ängste – und richtet uns auf. Er gibt uns Hoffnung und Zukunft.

Auferstehung – von der christlichen Hoffnung

An Ostern feiern wir den Grund unserer Hoffnung, dass das Leben stärker ist als der Tod. In der Tiefe unseres Herzens gibt es eine seltsame Kraft, die „trotzdem" sagt. Sie ist sich sicher, dass unser von Tod gezeichnetes Leben trotz allem Sinn hat. Es ist eine Macht, die sich gegen das Tödliche und Sinnlose unseres Lebens stellt und auf eine gute Zukunft setzt.

In vielen Gesprächen mit Menschen in existenziellen Lebensfragen wird diese wunderbare Kraft sichtbar. Darum ist es nicht verwunderlich, dass überall dort, wo Menschen leben, immer auch Hoffnung blüht. Nicht bloß eine kleine Hoffnung auf dieses oder jenes Glück, sondern eine letzte Hoffnung, dass schließlich alles gut ausgeht und selbst Tod und Vernichtung kein Ende dieser Hoffnung bedeuten.[70]

Unlängst war ich herausgefordert, diese Hoffnung zu begründen. Ein guter Bekannter rief mich an, sein Onkel war soeben in der Intensivstation gestorben und er sei sich sicher, damit sei alles aus und vorbei. „So, jetzt verteidige dich", meinte er zu mir. Meine spontane Antwort: „Ich muss mich nicht verteidigen." Und doch kam ich nicht umhin, zumindest ein Zeugnis meiner festen Hoffnung zu geben.

Alles beginnt mit der Gottesfrage. Ohne Gott würden wir wohl nicht existieren. Der Mensch ist mit dem Atem Gottes

---

70 Vgl. Gisbert Greshake, Leben – stärker als der Tod. Von der christlichen Hoffnung, Freiburg 2008, S. 36ff.

beschenkt (vgl. Gen 2,7), d. h. unsere Identität ist von Gott geschenkt. Ohne Gott könnte der Mensch keinen Augenblick bestehen. Das ist meine tiefe Überzeugung. Meinem Bekannten am Telefon antwortete ich: „Schau doch einmal in die Augen deiner Frau und in die Augen deiner Kinder. Spürst du nicht, dass da mehr vor dir steht als bloße Materie und biochemische Prozesse?" Bei dieser Frage zögerte er, obgleich er sonst überaus schlagfertig ist.

Ich bin davon überzeugt, dass die Identität des Menschen, der Kern der Person, unsterblich ist. Die Würde des Menschen ist darin begründet, dass Gott jeden und jede mit einer Seele beschenkt hat.[71] Diese Überzeugung teile ich mit Gerhard Lohfink: „Gott lässt nichts von dem, was er geschaffen hat, zugrunde gehen."[72] „Es gibt diese Fortdauer der Seele im Tod, weil sonst die Identität zwischen dem sterbenden Menschen und dem von Gott Auferweckten nicht zu denken ist."[73] Wir leben, weil wir im Gedächtnis Gottes eingeschrieben sind, drückte es Joseph Ratzinger aus. „Seele ist nichts anderes als die Beziehungsfähigkeit des Menschen zur Wahrheit, zur ewigen Liebe. Die Beziehung zu dem, was ewig ist, das Stehen in der Gemeinschaft mit ihm ist Anteilhabe an seiner Ewigkeit."[74]

---

71 Vgl. Gerhard Lohfink, Am Ende das Nichts? Über Auferstehung und Ewiges Leben, Freiburg 2018, S. 240ff.

72 A. a. O., S. 251.

73 A. a. O., S. 246.

74 Vgl. Joseph Ratzinger, Der Tod und das Ende der Zeit, in: ders., Gesammelte Schriften, Bd 10 (Auferstehung und ewiges Leben. Beiträge zur Eschatologie und zur Theologie der Hoffnung), hrsg. von Gerhard Ludwig Müller, Freiburg 2012, S. 343–350.

Das ist meine feste Überzeugung: Wenn Gott sein großes Ja am Anfang meines Lebens zu mir spricht, wird er dieses Ja zu meiner Person nie zurücknehmen. Die Auferstehung Jesu und seine ermutigende Zusage an uns ist die Zusammenfassung dieser Hoffnung aus göttlichem Mund: „Ich bin die Auferstehung und das Leben. Wer an mich glaubt, wird leben, auch wenn er stirbt, und jeder, der lebt und an mich glaubt, wird auf ewig nicht sterben" (Joh 11,25f).

In seiner Predigt in der Osternacht am 22. März 2008 fasste Papst Benedikt XVI. dieses Credo zusammen, das uns zum ewigen Leben führt: „Ja, ich glaube daran, dass die Welt und mein Leben nicht aus dem Zufall stammen, sondern aus der ewigen Vernunft und der ewigen Liebe, von Gott dem Allmächtigen geschaffen. Ja, ich glaube daran, dass in Jesus Christus, in seiner Menschwerdung, seinem Kreuz und seiner Auferstehung sich das Gesicht Gottes gezeigt hat. Dass in ihm Gott da ist, mitten unter uns und uns zueinander, an unser Ziel, zur ewigen Liebe führt. Ja, ich glaube daran, dass der Heilige Geist uns das Wort der Wahrheit schenkt und unser Herz erleuchtet; dass in der Gemeinschaft der Kirche wir alle mit dem Herrn ein Leib werden und so auf die Auferstehung und das ewige Leben zugehen."[75] Diese Hoffnung schenkt Zuversicht, besonders auch im Blick auf das unausweichliche Sterben jedes Menschen. Wir tauchen ein in die Weite des Seins.

---

75 Aus: Stefan von Kempis (Hg.), Eintauchen in die Weite des Seins. Päpste über Tod und ewiges Leben, Stuttgart 2018, S. 167.

Dankbarkeit, Achtsamkeit, Gottvertrauen [Marienfeste]

Maria, der Mutter Jesu, ist eine ganze Reihe von Festen im Verlauf eines Jahres gewidmet.[76] Mehr als viele andere Kirchenfeste nehmen sie vielleicht auch die „weiblichen" Eigenschaften Gottes in den Blick, seine liebende Fürsorge, seine zärtlich sorgende Achtsamkeit und Nähe. Marienfeste sind immer auch Feste, die das Heilshandeln Gottes in Jesus ins Auge fassen.

Wir leben, wenn wir unsere Wirklichkeit wahrnehmen, in verschiedensten Situationen und Denkweisen, die unser Leben bestimmen. Da ist die Logik der Medien: Wie werde ich gesehen? Wie komme ich an? Es gibt auch die Logik der Wirtschaft und Finanzmärkte, die unser Leben bestimmt: dass Spekulationen ganze Staaten in die Armut stürzen u. v. m. Das ist unsere Welt. Die Frage ist nun: Wie können wir als Christinnen und Christen hier einen guten Beitrag leisten? Es geht nicht darum, über die Welt zu jammern. Im Gegenteil, sie ist ein Geschenk Gottes an uns. Aber was sind unsere Haltungen? Wie können wir in dieser Situation gut leben und was können wir mit Blick auf Maria lernen? Drei Haltungen Marias scheinen mir für das Heute und für unser Leben ganz wichtig.

---

76 Einige der bekanntesten Marienfeste: Mariä Verkündigung (25. März), Marienmonat Mai, Mariä Heimsuchung (2. Juli), Mariä leibliche Aufnahme in den Himmel (15. August), Mariä Geburt (8. September), Mariä Namen (12. September), Fest der ohne Erbsünde empfangenen Jungfrau Maria (8. Dezember).

Dankbarkeit

In einem Menschen, der weiß, dass er von jemandem etwas geschenkt bekommen hat, dass er geliebt ist, dass er geschätzt ist, dass ihm Wertschätzung und Anerkennung entgegengebracht wird, wird ein Gefühl von Dankbarkeit aufsteigen. Es gibt so vieles, das uns jeden Tag neu geschenkt ist: das Flöten einer Amsel, eine Wiesenblume, das Murmeln eines Baches, ein Lächeln, ein freundliches Wort, ein Stück Brot, ein Glas Wasser ... Eine persönliche „Dankbarkeitsliste"[77] kann die Lichtverhältnisse meiner Seele positiv verändern.

Achtsamkeit

Maria ist achtsam für den Moment Gottes in ihrem Leben: für den Augenblick, in dem sie spürt, dass sie gebraucht wird. Ich denke an die Situation bei der Hochzeit von Kana, wo Maria merkt, dass es für dieses Hochzeitspaar plötzlich peinlich wird, weil der Wein ausgeht. Ein Fest, bei dem der Gastgeber nicht für ausreichend Essen und Trinken sorgen kann, ist in den Kulturkreisen des Orients eine Katastrophe. Auch hier ist Maria achtsam für die Not und die Fragen dieses jungen Ehepaares.

Ein Blick auf unsere Schöpfung zeigt, was Gott uns täglich gibt. Damit wir diese Geschenke wahrnehmen können, braucht es die Achtsamkeit unseres Herzens. Der Theologe Willi Lambert meint: „Gott umarmt uns durch die Wirklichkeit, in der wir leben."[78] Diese Umarmung Gottes dürfen wir spüren: ein gutes Wort, das uns aufrichtet; ein Blick, der

---

77 Vgl. S. 168 „Dankbarkeit".

78 Vgl. Willi Lambert, Gott umarmt uns durch die Wirklichkeit, Mainz 2010.

uns tröstet; eine Berührung, die uns Liebe zeigt; ein schön gestalteter Gottesdienst; Musik, die uns trägt. Die Achtsamkeit für das, was Gott heute in meinem Leben tut, ist das, was letztendlich auch im Wesentlichen Sinn und Freude schenkt.

Auch unsere Welt braucht diese Achtsamkeit, diese Empathie. Zukunft ist abhängig von Empathie. Die Fridays-for-Future-Bewegung ist eine prophetische Initiative. Sie setzt sich für das Überleben der gesamten Menschheit ein. Der Regenwald, die Lunge der Erde, brennt. Wenn hier jemand dieses Ausmaß an Zerstörung aktiv fördert und zulässt, gefährdet er das Leben vieler Menschen. Maria war achtsam in ihrem Herzen für das, was die Welt und die Menschen brauchen.

Gottvertrauen

Ein schönes Bild für das Vertrauen in das Leben, für das Vertrauen auf Gott ist für mich die Architektur von großen Kathedralen wie etwa des Petersdomes. Das gewaltige Bauwerk steht seit vielen Jahrhunderten nur darum, weil jeder Stein zwei Funktionen hat: Er trägt und er wird getragen.[79] Das Vertrauen – getragen zu werden von Menschen, die es gut mit mir meinen – ist tiefer Sinn einer christlichen Gemeinde, nämlich ein Netzwerk des Vertrauens, der Nächstenliebe und der Zuwendung zum Menschen zu bilden.

---

79   Vgl. S. 44f: In Beziehung: Tragen und Getragen-Sein.

Hoffnung und Zusage
[Christi Himmelfahrt]

Wer kennt nicht das Gefühl und die Sehnsucht nach dem „Himmel auf Erden", wenn wir unseren Liebsten oder uns selbst Wünsche erfüllen möchten? Das Fest Christi Himmelfahrt will uns heilend mit Gott und mit unserer Sehnsucht in Berührung bringen. All unsere Lebenswünsche können aufblühen, wie es Wilhelm Willms in seinem Lied „Weißt du, wo der Himmel ist ..." ausdrückt.

Wenn es in unserem Herzen die Hoffnung auf Himmel gibt, den Inbegriff für alles Gute und Schöne, für Freiheit, Liebe und Glück – hier auf Erden und über den Tod hinaus –, dann verändert sich unser Blick in eine positive Richtung. Eine solche Hoffnung, die unsere begrenzten irdischen Möglichkeiten durchbricht, erfüllt unser Herz mit Gelassenheit und tiefem Vertrauen.

Wie können solche Auferstehungserfahrungen aussehen? Selbst in tiefen Leiderfahrungen dürfen wir manchmal eine Ahnung von Auferstehungshoffnung erleben. Es war nach einem tragischen tödlichen Verkehrsunfall eines jungen Burschen. Kurze Zeit danach wurden seine Kollegen zur Stellungsuntersuchung für die Eignung zum Wehrdienst nach Innsbruck beordert. Sie haben ein T-Shirt mit dem Namen ihres verstorbenen Freundes mitgenommen und auch ihre eigenen Namen darauf geschrieben, wie das bei der Musterung so üblich ist. Als sie dann zurück nach Vorarlberg gekommen sind, haben sie als Erstes die Eltern ihres Freundes besucht und haben ihnen dieses T-Shirt gezeigt. Dann sind sie zum Grab gegangen und haben das T-Shirt dort niedergelegt. Für die Eltern war das eine Erfahrung von Kraft, von Hoffnung, da diese jungen Menschen gezeigt haben, dass ihr

Sohn weiterhin zu ihnen gehört. Sie gehen mit dem tragischen Tod ihres Freundes in einer berührenden Art und Weise um, in einer Art und Weise, die Hoffnung zeigt.

Im Evangelium vom Fest Christi Himmelfahrt hören wir die Worte Jesu: „Und siehe, ich bin mit euch alle Tage bis zum Ende der Welt" (Mt 28,20). Diese große Zusage feiern wir an Pfingsten. Himmelfahrt heißt nicht, Gott ist abwesend, er zieht sich sozusagen in seine Nische zurück. Nein, es geht auf Pfingsten zu. Pfingsten schenkt uns die Überzeugung, dass der Geist Gottes weiterwirkt, in jedem Augenblick. Gottes Geist hat tausend Gesichter. „Gott umarmt uns durch die Wirklichkeit, in der wir leben", formuliert Willi Lambert (s. S. 149). Diese Umarmungen Gottes, diese Zeichen des Geistes Gottes dürfen wir immer wieder erleben: durch ein aufmunterndes Wort, durch einen tröstenden Blick, durch eine liebende, zärtliche Umarmung – immer dann, wenn unsere Seele gefüllt wird mit Freude und Liebe. Das ist die große Zusage: Gott hat mit jedem Menschen eine Geschichte, in jedem Augenblick seines Lebens.

Der Geist des guten Wortes
[Pfingsten]

Wir erleben Unwetter, hören von Amokläufen, Terror, Fluchtbewegungen. Viele Menschen äußern das Gefühl, dass wir in einer sehr unsicheren Zeit leben. Für viele stellt sich die Frage: Was ist nur los mit dem Miteinander der Völker und Staaten? Was ist mit den sozialen Spannungen und Spaltungen? Wohin entwickelt sich unsere Erde? Was bringt uns der Klimawandel? Was ist mit den Menschen, die keine Stimme haben, die sich selbst nicht helfen können? Was gibt uns heute denn eigentlich noch Orientierung? Und immer wieder hört man den Ruf nach einem klaren, starken Wort: Da muss doch endlich jemand einmal sagen, was Sache ist! Warum schweigen die Bischöfe? Warum schweigen die großen Philosophen?

Ich glaube, ein Grund für diese Verunsicherung liegt auch darin, dass man besser erst dann reden sollte, wenn man zuvor nachgedacht hat, auf den Geist gehört hat. Pfingsten ist das Fest des Geistes Gottes. Und ein guter Weg in die Zukunft – für mich persönlich, aber auch für die Welt als Ganze – setzt voraus, dass ich zuerst mit ganzem Herzen auf die Stimme des Geistes horche. Diese Stimme ist manchmal sehr leise, manchmal erlebe ich sie auch als quälend verborgen. Und oft ertappe ich mich bei der Frage: Warum geschieht das? Wohin, Gott, willst du uns führen – mich persönlich, unsere Kirche und das Ganze?

Der Geist des guten Wortes

Wohl jeder kennt die Geschichte vom Turmbau zu Babel (vgl. Gen 11): Menschen leben ihren Egoismus aus und wollen immer höher hinauf. Dieser Egoismus führt schließlich in die Sprachverwirrung, ins Chaos und in die Zerstörung des Turms. Alles geht zugrunde, die anderen und auch der Egoist selbst.

Psychologen wie René Spitz und andere, die sich mit der Entwicklung des Menschen befassen, mit dem Innersten der kindlichen Seele, sagen, dass die Sprache zum Allerwichtigsten für uns Menschen gehört. Sie macht hörbar, was im Herzen von Menschen ist. Ohne Sprache gibt es letztlich kein Leben. Ohne Sprache kein Du, ohne Du kein Leben.

Mir scheint, die Sprache im öffentlichen Raum hat in den letzten Jahren eine große Wandlung erfahren. Diese Veränderung geschieht langsam, kaum merklich, und plötzlich erschrickt man da und dort, wenn jemand einen Begriff verwendet, der eben noch als tabu galt. Plötzlich ist die Sprache anders. Es gibt sogar so etwas wie einen Wettbewerb von „Unworten": alternative Fakten, stichhaltiges Gerücht, Fake News, Volksverräter, Gutmensch, Lügenpresse, Sozialtourismus … Solche Ausdrücke galten bisher einfach nur als Unterstellung, Verleumdung, Lüge. Die Folge dieser Sprachverwirrung: Da und dort bröckelt das Miteinander. Menschen, die vorher geholfen haben, ziehen sich zurück. Die, die vorher miteinander Feste gefeiert haben, kennen sich nicht mehr. Die, die regen Handel miteinander getrieben haben, bauen Zollmauern auf.

Da braucht die Welt von heute ganz dringend wieder ein pfingstliches Sprachenwunder, so wie es in der Lesung des Pfingstfestes heißt: Sie reden in ihrer Sprache, und jeder versteht den anderen. Damit ist auch gemeint: Jeder und jede darf sein, wie er ist, mit seiner Geschichte, ihrem Leben, seiner Sorge, mit ihrer Überzeugung, mit seiner Religion … und trotzdem verstehen sie einander, weil sie eines wissen: Wir gehören als Menschen zusammen, weil Gott der Schöpfer von jeder und jedem von uns ist. Deshalb braucht die Welt heute wieder den pfingstlichen Geist des guten Wortes.

Der Geist der Unterscheidung

Schwarz-weiß zu malen ist ein beliebtes Spiel: Die Guten, das sind die, die mir sympathisch sind. Die Schlechten, das sind alle anderen. Viele Menschen suchen heute nach Orientierung. Sie spüren der Berufung ihres Lebens nach, fragen sich vor einer Entscheidung, was gut oder schlecht ist. Wie gelähmt starren wir auf politische Ereignisse in der Welt und wissen manchmal nicht, was wir tun sollen.

Es braucht heute mehr denn je den Geist der Unterscheidung, weil es eben Dinge in dieser Welt gibt, die ihren Ursprung im Bösen, im Negativen, im Zerstörerischen, im Verwirren und Durcheinanderbringen haben. Ein griechisches Wort dafür heißt „diaballein", wir kennen den Ausdruck „diabolisch", „teuflisch". Der Apostel Paulus nennt diese lebensfeindlichen Haltungen sehr deutlich: „*Unzucht, Unreinheit, Ausschweifung, Götzendienst, Zauberei, Feindschaften, Streit, Eifersucht, Jähzorn, Eigennutz, Spaltungen, Parteiungen, Neid, maßloses Trinken und Essen und Ähnliches mehr*" (Gal 5,19–21). Der Ungeist, der zerstört, vernichtet Beziehungen, er vernichtet Leben, er vernichtet Wohlstand. Wir brauchen heute den pfingstlichen Geist, der andere Früchte zeigt: „*Liebe, Freude, Friede, Langmut, Freundlichkeit, Güte, Treue, Sanftmut und Enthaltsamkeit*" (Gal 5,22f). Wenn wir diese Empfindungen im Herzen spüren, dann sind wir dem Geist Gottes nahe. Es ist der Geist, der Zukunft schenkt – uns persönlich und der Welt. Und vielleicht brauchen wir auch die Haltung der Umkehr, der bewussten Entscheidung für den pfingstlichen Geist.

Der Geist der Hoffnung

Wenn wir uns die Schlagzeilen in den Medien vor Augen halten, dann entdecken wir so viel Bedrückendes. Junge Menschen, die sich das Leben nehmen und deren Angehörige verzweifeln. Menschen, die bei Unfällen zu Tode kommen. Menschen, die ermordet werden. Ältere Menschen, die in großer Einsamkeit sterben. Wo ist in solchem Leid noch Hoffnung zu finden?

Die Antwort auf diese Frage hat uns Jesus vorgelebt. Er ist mit den Menschen, die in Not waren, mitgegangen. Er hat sie berührt, hat ihnen die Hände aufgelegt, hat sie aufgerichtet, er hat mit ihnen und für sie gebetet. So konnte in vielen Situationen der Verzweiflung, der tiefen Trauer, der großen Ohnmacht etwas Neues beginnen. Die Ohnmacht ist oftmals der Anfang eines neuen Weges. Vielleicht auch, weil ich dadurch offen werde für Dinge, die ich vorher als undenkbar für mein Leben erachtet habe. Die Wahrheit des Lebens ist eben das Ganze: Leid, Not, Sorge, Kummer, aber genauso die Hoffnung, eine Hand, die mich aufrichtet, Liebe, die mir entgegenkommt. Menschliches Leben ist in diesem Sinn etwas Ganzheitliches, mit allem, was Jesus selbst als der Sohn Gottes gelebt und erfahren hat. Das ist der Grund, warum Jesus sagen kann: „Ich bin der Weg und die Wahrheit und das Leben" (Joh 14,6).

Gott geht mit uns [Fronleichnam]

Das Leben schreibt viele Geschichten. Sieg und Niederlage liegen oft nahe beisammen. Heute Jubel, morgen Enttäuschung – des einen Freud, des anderen Leid. Auch unser alltägliches Leben produziert Gewinner und Verlierer. Die einen bringen mit großer Freude ein Kind zur Taufe, andere gehen nach einer lebensbedrohlichen Diagnose einen schweren Weg. Die einen freuen sich über eine sinnvolle Arbeit, andere sorgen sich um ihren Arbeitsplatz oder werden ausgegrenzt und gemobbt. Die einen leben in einer Region des Friedens, andere bangen in Situationen des Krieges und des Terrors um das Leben ihrer Kinder und ihrer Familien. Die einen dürfen sagen, „hier bin ich daheim", andere haben kein Zuhause und sehen in der Flucht die einzige Möglichkeit für ein Überleben. Die einen leben im Wohlstand, andere in Angst und Sorge, wie sie morgen ihre Familie ernähren können. Das Leben schreibt viele Geschichten, in der Welt und auch hier in unserem Land.

Die Botschaft des Fronleichnamsfestes heißt gerade dann: Gott geht alle diese Wege mit. Wenn wir die Monstranz durch die Straßen unserer Orte und Städte tragen, wie das seit Jahrhunderten Tradition ist, dann stellt das in einer wunderbaren Liturgie die große Zusage Jesu dar, dass er in jedem Augenblick und in jeder Lebenssituation an unserer Seite ist (vgl. Mt 28,20).

Es gibt viele Menschen im Umkreis einer Fronleichnamsprozession. Es gibt jene, die mitgehen, die mitbeten, mitsingen und gestaltend mitwirken. Es gibt andere, die das Geschehen am Rande beobachten. Und wiederum gibt es jene, die sich nur von weitem dem Geschehen nähern. Je nach Lebenssituation stehen wir diesem Geheimnis des Glaubens ferner oder näher. Doch eines ist ganz gewiss: Gott geht alle Wege der Menschen mit.

Wenn wir an Fronleichnam Jesus als Brot des Lebens in der Monstranz durch die Dörfer und Städte tragen, bringt das auch zum Ausdruck: Wir alle können und sollen zu einer „Monstranz" werden, zum Beispiel wenn wir an die Ränder der Existenz gehen, wenn wir die Wege anderer Menschen mitgehen und mittragen. Die Welt braucht heute Menschen, die Wunden heilen und die Herzen der Menschen wärmen. Sie braucht Menschen, die mit Freude und mit Bescheidenheit die Botschaft leben: Gott geht alle deine Wege mit.

Der Augenblick der Nächstenliebe ist jetzt [Heiligenfeste]

Viele Heilige werden als Fürsprecher in verschiedenen Nöten angerufen. Sie werden verehrt und doch nicht auf ein unerreichbares Podest gestellt. Sie sind uns irgendwie nahe, wie ein Vorbild, ein Ideal, ein „Role Model". Das Fest eines Heiligen lädt uns ein, einen Blick auf sein Leben zu werfen und zu sehen, wie er die frohe Botschaft Jesu zu leben versucht und in seine Zeit übersetzt hat. Denn das ist es, was für unseren Glauben wesentlich ist: das Evangelium Jesu heute zu leben. Heilige Menschen sind uns ein Vorbild dafür.

Der Blick auf Christus und auf die Heiligen verändert. Es ist, als würden wir von einem Berg auf das Land schauen, dann erscheint uns vieles in einer veränderten Perspektive: Wir sehen manches vielleicht gelassener, entspannter – oder auch mit größerer Wachsamkeit und Sorge.

Fromm und genügsam

Der Apostel Paulus legt seinem Schüler Timotheus eine Reihe von Haltungen ans Herz:

> *Die Frömmigkeit bringt in der Tat reichen Gewinn, wenn man genügsam ist … Wenn wir Nahrung und Kleidung haben, soll uns das genügen … Denn die Wurzel aller Übel ist die Habsucht … Strebe vielmehr nach Gerechtigkeit, Frömmigkeit, Glauben, Liebe, Standhaftigkeit und Sanftmut! Kämpfe den guten Kampf des Glaubens, ergreife das ewige Leben. (1 Tim 6,6–12)*

Manchmal hat man den Eindruck, dass Frömmigkeit eher als Belastung und Anstrengung erlebt wird: als ein Pensum, das man abarbeiten oder erfüllen muss. Einer solchen Frömmigkeit droht die Gefahr, leer zu werden, weil das Herz nicht wirklich dabei ist. Echte Frömmigkeit, d. h. eine lebendige Beziehung zu Christus, bringt hingegen reichen Gewinn. Wa-

rum? Weil sie hilft, die Welt und die Fragen des Lebens mit einer inneren Ruhe und Gelassenheit zu sehen.

Wenn wir auf die Töne von politischen Auseinandersetzungen hören, merken wir: Es geht dabei sehr oft darum, andere schlecht zu machen, um selbst in einem besseren Licht zu erscheinen. Ich bin besorgt über die Geringschätzung, die Abwertung und die destruktive Kritik, die gerade auch über soziale Medien da und dort Raum greifen. Da klingt Paulus überraschend aktuell: „Die Wurzel aller Übel ist die Habsucht" – die Sucht, immer mehr haben und besitzen zu wollen. Das Klammern an Macht und Einfluss, egal, auf wessen Kosten es geht, ist etwas, das im Innersten dem christlichen Geist widerspricht.

Heilige waren in ihrem Leben und Denken meist von großer Einfachheit geprägt. Sie beschränkten sich auf das wirklich Wichtige. Wenn wir an die Zukunft unserer Erde denken, die an vielen Stellen im wortwörtlichen Sinne brennt, brauchen wir gerade auch heute eine „intelligente Reduktion", eine Reduktion auf das Wichtige. Die Zukunft der Erde hängt davon ab, ob wir in unserem Lebensstil das rechte Maß finden: nicht habgierig, sondern nachhaltig; nicht neidisch, sondern genügsam. Das macht uns innerlich frei und sichert die Zukunft der Schöpfung.

Es ist beeindruckend, dass heute viele, gerade auch junge Menschen, den Zauber der Einfachheit neu entdecken und spüren, dass in einem einfachen Lebensstil ein großer Gewinn liegt. Die Frömmigkeit, die Verbindung mit Christus und das Verwurzelt-Sein im Geheimnis Gottes ist für uns Christinnen und Christen der eigentliche Reichtum.

Wachsamkeit

„Seid also wachsam!", legt uns Jesus im Gleichnis vom treuen und klugen Knecht ans Herz (vgl. Mt 24,42). Vor allem geht es um die Wachsamkeit für den Moment Gottes in meinem Leben. Der berühmte Psychologe Abraham Maslow hat einmal Menschen untersucht, die besonders glücklich und erfolgreich sind. Bei seinen Forschungen hat er entdeckt, dass all diese Menschen geistliche Erfahrungen gemacht haben – also Erfahrungen, die sie mit Gott verbunden haben. Diese Erfahrungen hat er später „Peak-Experiences", Gipfelerlebnisse, genannt. Diese Erlebnisse der inneren Berührtheit und Betroffenheit erfordern die Haltung der Achtsamkeit für die Umarmung Gottes in meinem Leben. Das kann ein Blick sein, der mich erfreut; eine Umarmung, die mir Wärme schenkt; ein Wort, das tröstet und aufrichtet; das Da-Sein eines Menschen, das mir Mut und Kraft gibt in einer schwierigen Situation; eine Geste der Wertschätzung, die in mir Vertrauen und Selbstwert weckt. „Der Sohn Gottes vollbringt auch heute sein Werk. Wir brauchen aufmerksame Augen, um es zu sehen, und vor allem ein großes Herz, um selber seine Werkzeuge zu werden"[80], sagt Papst Johannes Paul II.

Treu und klug

Womit sollte uns der Herr beschäftigt finden, wenn er wiederkommt? Wer ist ein „treuer und kluger" Mensch? Ist es der Einsatz für sogenannte christliche Werte, die Europa und die ganz Welt prägen sollen? Zum Beispiel Gerechtigkeit, Friede, Bewahrung der Schöpfung, Nächstenliebe und Solidarität.

---

80 Johannes Paul II., Enzyklika Novo millennio ineunte, Zum Abschluss des großen Jubiläums des Jahres 2000, Nr. 58.

Ich glaube, wenn Gott in unser Leben kommt, ist es gut, wenn er uns damit beschäftigt findet, dass wir Menschen der Nächstenliebe sind. Den Einsatz für die Mitmenschen können wir uns nicht für einen späteren Zeitpunkt aufsparen. Der Augenblick der Nächstenliebe ist jetzt. Es gibt viele Menschen, die ein Obdach für ihre Seele brauchen, weil sie einsam sind und niemanden haben, der sich um sie kümmert. Die Krankheit der Zukunft ist die Einsamkeit: Menschen verkümmern in der kommunikativen Armut wie eine Blume ohne Wasser. Oder ich denke auch an die materielle Not vieler Menschen, die nicht wissen, ob ihre Mindestsicherung bis zum Monatsende reicht; oder an jene, die viel Zeit und Geld in die Pflege ihrer Angehörigen investieren müssen. Als Christinnen und Christen können wir erst ruhig schlafen, wenn niemand zurückbleibt, wenn niemand unter Armut leidet und wenn wir wissen, dass jede Mutter ihrem Kind genug zu essen geben kann. Wir brauchen uns kein schlechtes Gewissen einzureden. Es geht vielmehr darum, die Haltung der Nächstenliebe zu unserer DNA zu machen. Jede und jeder von uns hat andere Möglichkeiten, andere Chancen, auch andere Grenzen.

Der Blick auf das Beispiel heiliger Menschen kann und soll uns dazu ermutigen,

- dass wir Menschen sind, die den Zauber der Einfachheit entdecken und spüren, dass Frömmigkeit reichen Gewinn bringt und Freude ins Herz legt. Der Anker unseres Herzens liegt in der Freundschaft mit Jesus;
- dass wir achtsame Menschen werden, die offen sind für die Umarmung Gottes in unserem Leben;
- dass die Nächstenliebe zur DNA unseres Denkens, Redens und Tuns wird, damit Menschen aufgerichtet werden und neue Hoffnung schöpfen können.

Wir sind immer unterwegs
[Sommer, Urlaubszeit]

Wer sich auf eine Wanderung begibt, hat in der Regel einen Rucksack dabei. Dieser Rucksack ist nicht nur gefüllt mit Proviant und allerlei nützlichen Dingen, die man für die Wanderung braucht, sondern womöglich auch mit anderen kleinen und großen Lasten, die man im wahrsten Sinn des Wortes mit sich herumschleppt: die Sorge um das Wohlergehen der Kinder, das Zittern um den Arbeitsplatz, finanzielle Belastungen, die Hoffnung auf eine gute Zukunft und all die vielen Wünsche und Anliegen, mit der jede und jeder so durchs Leben geht.

Gerade wenn wir zu Fuß unterwegs sind, bei einem Spaziergang oder einer größeren Wanderung, kommen in uns manchmal Erinnerungen hoch – nachdenklich stimmende, traurige und freudige, ernste und humorvolle. Es ist gut, dass es Erinnerungen gibt, auch wenn sie schmerzvoll sind. Es ist gut, an das Schöne zu denken, aber auch das Traurige nicht zu verdrängen – nicht, damit es sich in uns festsetzt, ja festfrisst, sondern damit wir durch das Schwere reifen und es Gott hinhalten, der in Liebe „alles in allem" ist (1 Kor 15,28). Eine Wanderung kann ein Anlass sein, etwas in Bewegung zu bringen: sich auf den Weg zu machen, neu aufzubrechen, einen Blickwechsel zu vollziehen, sich verwandeln zu lassen und gestärkt nach Hause zurückzukehren.

Unser Leben ist ein Wandern, ein Unterwegssein, manchmal mit Umwegen und Auswegen, Fluchtwegen und Abwegen. Die Wege unseres Lebens stellen uns manchmal vor Schwierigkeiten und werfen die Frage auf: Wie geht es weiter? Drei existenziell wichtige Wege bleiben keinem und keiner erspart.

Der Weg zum Ich

Der erste Weg ist der Weg zu mir selber. Kann ich mich in dem Menschen erkennen, den ich jeden Tag morgens und abends im Spiegel erblicke? Wir merken, dass wir ständig ein anderer sein wollen, wir entgleiten uns und unseren hohen Ansprüchen an uns selber und sehen in anderen das Ideal verwirklicht, das wir selber erreichen wollen. So ein Blick in den Spiegel zeigt mir oft: Es gibt kaum jemanden, der mir fremder ist als der, den ich dort im Spiegel sehe. Deshalb die Frage: Wie kann ich zu diesem Ich werden, das mir oft so fremd erscheint?

Der Weg zum Du

Der zweite Weg ist kaum leichter zu gehen, der Weg zum Du, zum Nächsten und zum Fernsten, ja der Weg hin zu einer Welt, die in ihren vielen Gegensätzen von Arm und Reich, Jung und Alt, Gläubig und Ungläubig, Vernunft und Unvernunft nicht zerbricht, sondern eine Einheit ist und immer mehr werden soll. Dieser Weg zum Du, er ist oft leicht und beschwingt, dann aber wieder mühsam, aufreibend und durch bittere Erinnerungen belastet. Der Kontakt und die Konfrontation mit den anderen, die mich zum einen tragen, mir aber manchmal auch im Weg stehen, ist eine Herausforderung, besonders wenn wir nicht gegeneinander, sondern miteinander leben wollen. Doch wie können wir einander wirklich erreichen, wenn uns doch scheinbar so vieles trennt?

Der Weg zu Gott

Der dritte Weg ist der Weg zu Gott. Zu ihm sind wir unser ganzes Leben lang unterwegs, ohne ihn je ganz erreichen zu können. Er ist zu groß, als dass wir Menschen ihn von uns aus erfassen könnten. Wir sehnen uns nach ihm, merken aber: Er zeigt sich uns immer neu als Ziel, zu dem wir uns aufmachen müssen.

In dieser Situation, in der viele unserer Menschenwege in eine Sackgasse zu laufen drohen, ist eines für uns sehr tröstlich: dass nämlich Er, Gott, uns in Jesus entgegenkommt und sich für uns zum Weg macht: „Ich bin der Weg ..." (Joh 14,6). Auf unserem dreifachen Lebensweg und Pilgerweg macht sich Jesus selber zu dem Boden, auf dem wir schreiten. Er wird selber zu den Fußspuren, in denen wir gemeinsam mit vielen anderen vor und nach uns unterwegs sind. Er ist deshalb unser Begleiter auf den drei Pilgerwegen zu mir selbst, zum anderen und zu Gott.

Jesus ist der Weg zu mir selber, weil er mit mir dort ist, wo ich bin – mit all meiner Armut und mit all meinen Grenzen. Er ist mit mir der, der ich bin, und der, der ich sein soll und sein möchte. Und wie kann ich gehen auf diesem Weg zu mir selber? Indem ich darauf vertraue, dass er es gut mit mir meint; dass er mein Begleiter ist und selbst dann zu mir steht, wenn ich mich vor mir selber schäme; dass er mich bei der Hand nimmt, sodass ich mich annehmen kann, wie ich bin.

Jesus ist der Weg zum Nächsten, er trägt nicht nur mich in seinem Herzen, sondern auch den anderen. Ein Gespräch mit einem drogensüchtigen jungen Mann hat mich sehr beeindruckt. Es war beim „Festmahl für alle" zum Start des Jubiläums „50 Jahre Diözese Feldkirch". Über zweihundert Menschen waren gekommen: Drogenkranke, Obdachlose, Alleinerziehende, Menschen auf der Flucht – viele also, die im normalen Leben an den Rand gestellt sind. Dieser junge Mann hat mir erzählt, dass er ganz stolz ist, weil er gerade einen „kalten Entzug" hinter sich hat. Wer weiß, was „kalter

Entzug" bedeutet, weiß auch, welch riesige Anstrengung das braucht, was das für eine gewaltige Leistung ist. Ich habe diesen 19-/20-Jährigen dann gefragt, warum er das mache, was ihm die Kraft dafür gebe. Und er sagte, er möchte für seine kleine Schwester ein Vorbild sein, und er wolle seiner Mutter eine Freude machen. Er sei auch manchmal in einer Kirche, um zu beten. Es ist ein Beispiel für das Verbunden-Sein – mit der Familie und mit etwas Größerem, mit Gott. Wir sind nicht allein auf dem Weg, sondern wir sind hineingebunden in eine Gemeinschaft. Wir sind verbunden mit Menschen, die uns tragen und die in bestimmten Situationen auch von uns getragen werden.

Wenn es wahr ist, dass Jesus jede und jeden von uns in seinem Herzen trägt, dann kann ich auch im Fremden und in dem, der mich verletzt hat, Gottes Antlitz erkennen. Wenn ich das sehen kann, erkenne ich in jedem Menschen, auch in dem, der es nicht gut mit mir meint, eine verborgene innere Brücke, eine Brücke zu dem, was mir fremd ist, eine Brücke zu dem, wovor ich Abscheu habe, eine Brücke zu dem, mit dem ich nicht kann. Jesus ist deshalb auch der Weg zu den Nächsten, weil er alles Trennende in sich aufnimmt. Christus sammelt all die zerbrochenen Scherben ein, alles, was zerbirst und zerreißt, und macht es ganz.

Jesus ist unser Weg zu Gott, weil er sowohl das Göttliche als auch das Menschliche kennt und weil er ganz auf unserer Seite und gleichzeitig ganz auf der Seite Gottes steht. Wir können diesen Weg zu Gott gehen, indem wir an seine Liebe glauben. Glaube deshalb an den Gott, der bei dir ist. Glaube an den Gott, der in Jesus dort war, wo du bist, und dort war, wo du sein wirst.

Powerstrategie Dankbarkeit
[Erntedank]

Herbst, Zeit der Reife, Zeit der Ernte. Zeit des Sammelns. Kastanien, Nüsse, Bucheckern. Und Sonnenstrahlen für den kalten Winter, so wie die Maus Frederick im bekannten Kinderbuch von Leo Lionni[81]. Auch Zeit des Vergehens. Blumen welken, Blätter fallen. Mit Leichtigkeit treiben sie bunt im Wind. Zeit der Hoffnung? Die Knospen des kommenden Frühlings drängen die welken Blätter von den Zweigen. Herbst, Zeit der Dankbarkeit.

Psychologische Ratgeber empfehlen die Dankbarkeit als Powerstrategie für gute Gefühle. Dankbar sein verbessert die Stimmung und ist wie ein Schlüssel zu einem erfüllten Leben. Denn Dankbarkeit ist eine Liebeserklärung an das Leben.

Eine Hauptstraße zu Gott

Und Dankbarkeit ist eine der Hauptstraßen, auf der wir Gott begegnen können, wie viele Mystiker sagen. Wenn ich mit Dankbarkeit auf mein Leben schaue, dann entdecke ich so viele Brücken der Liebe und der Zärtlichkeit, die Gott zu mir gebaut hat: durch eine Umarmung, durch ein tröstendes Wort, durch einen wertschätzenden Blick, durch jemanden, der mich aufrichtet, mich in die Arme nimmt. Dankbarkeit lässt uns die Spuren Gottes in unserem Leben wahrnehmen: Ich bin beschenkt.

Bei Exerzitien lade ich die Teilnehmerinnen und Teilnehmer gerne dazu ein, eine „Dankbarkeitsliste" zu erstellen, wo sie jene Dinge nennen können, für die sie dankbar sind: ... Fa-

---

81 Leo Lionni, Frederick, Weinheim 2003.

milie und Freunde, Essen und Trinken, Berge und Wälder, Blumen und Wiesen, Schule, Arbeit und Feste, Sonne und Regen, Lachen und Weinen ... Eine Dankbarkeitsliste ist eine heilsame Hilfe gegen Traurigkeit, Depressionen und Melancholie.

Samuel Kochs Dankbarkeitsliste

Tief beeindruckt hat mich die „Dankbarkeitsliste" von Samuel Koch. Er war bei der Fernsehshow „Wetten dass ..." schwer gestürzt und ist seither vom Hals abwärts querschnittgelähmt. Immer wieder werde er gefragt, woher er die Kraft für seinen täglichen Kampf nehme. Manchmal habe er sich auch selbst die Fragen gestellt: „Wo ist Gott eigentlich? Gibt es ihn überhaupt?" Eine Antwort fand er in der Bibel: „Wer sucht, der findet; und wer anklopft, dem wird geöffnet" (Lk 11,10). Samuel Koch weiter: „Ich nahm mir vor, genauer hinzusehen, wo Gott war. Mit der Zeit habe ich angefangen zu sehen, dass mir in meiner miesen Lage oft viel Gutes widerfuhr: das Zwerchfell, das mich überraschend selbständig atmen ließ, meine kinderliedersingende Mama, mein abgeklärter liebevoller Papa, Chris und andere Freunde, die mir zur Seite standen, mein klavierspielender Bruder, der Orthopäde und viele Pfleger und Schwestern, die sich als Christen outeten und mit ihren Familien für mich beteten. Das herrliche Wetter, eine Kopfmassage, die alten, neuen, wiedergewonnenen Freunde usw. Die Liste ist fast beinahe endlos weiterzuführen."[82] Die Länge dieser Dankbarkeitsliste habe ihn selbst überrascht, meinte Samuel Koch. Eine solche Liste lädt dazu ein, selbst ein dankbarer Mensch zu werden und sich als empfangend und beschenkt zu begreifen.

---

82 Samuel Koch, Zwei Leben. Mit einem Vorwort von Thomas Gottschalk, Asslar 2015.

Bei Tisch innehalten

Ein Ausdruck dieser Haltung kann es auch sein, vor und nach den Mahlzeiten innezuhalten, um zu danken. Christen danken Gott als dem Geber alles Guten. Dieser Moment des Segensspruchs, selbst wenn er ganz kurz ist, lässt uns unser Leben, die Gaben der Schöpfung und all jene dankbar in den Blick nehmen, die mit ihrer Arbeit die Köstlichkeiten auf unserem Tisch bereitet haben, und er stärkt die Solidarität mit denen, die am meisten bedürftig sind. Das „Danke" ist ein wichtiger Baustein für das menschliche Zusammenleben – überall auf der Welt – und es ist eine Powerstrategie für jeden Tag.

Heiligkeit, auch etwas für dich!
[Allerheiligen]

Jemanden an der Seite zu haben, der uns begleitet; der uns trägt, wenn wir nicht mehr weiterkönnen; der uns führt, wenn wir orientierungslos im Dunkeln tappen – in alledem kommt eine Grundhoffnung und -bitte des Menschen zum Ausdruck: nämlich nie allein zu sein. Einsamkeit, Isolation und das Gefühl, nicht dazuzugehören und ausgegrenzt zu sein, sind Ängste, die ich in vielen Begegnungen mit Jung und Alt immer wieder spüre.

Es kommt deshalb nicht von ungefähr, dass Gott dem Menschen in dieser Angst des Allein-Seins mit einer Botschaft der Hoffnung entgegenkommt: *Ich bin da*, oder, wie Martin Buber übersetzt: „Ich bin da, wo du bist." Schon im Alten Testament stellt Gott sich Mose im brennenden Dornbusch vor mit dem Namen: „Ich bin der *Ich bin da*". Und Jesus wird im Neuen Testament Immanuel genannt, der *Gott mit uns* – um auszudrücken: Ich bin ein treuer Begleiter auf all deinen Wegen, erst recht auf den Achterbahnkurven deines Lebens. Ich geh mit dir durch die Zeit!

Dass Gott mit uns durch die Zeit geht, ist eine Grundbotschaft des Christentums. Aber manchmal frage ich mich auch: Wie kann ich zeigen, dass *ich mit Gott* durch die Zeit gehe? Wie erkennt man, dass ich Christ bin, d. h. jemand, der in seinem Leben auf Gott vertraut und aus dieser Beziehung heraus handelt?

Eine Christin/ein Christ ist jemand, der nach Heiligkeit strebt, meint Papst Franziskus in seinem Schreiben *Gaudete et exsultate* („Freut euch und jubelt“). Heiligkeit – diesen alten und ziemlich verstaubt wirkenden Begriff möchte Papst Franziskus neu zugänglich machen. Und er macht das vor allem, indem er ihn von Weihrauchduft befreit und ihn aus luftiger Höhe hinunter ins Leben der einfachen Menschen holt, ins Leben von dir und mir. Denn Heiligkeit, so der Papst, geht uns alle an. Es geht da nicht um die großen und bekannten Heiligengestalten, sondern der Papst spricht ganz ausdrücklich von den „Heiligen der Mittelschicht“, von den Heiligen „von nebenan“[83] und zählt gleich einige Beispiele auf: Der Papst sieht Heilige „in den Eltern, die ihre Kinder mit so viel Liebe erziehen, in den Männern und Frauen, die arbeiten, um das tägliche Brot nach Hause zu bringen, in den Kranken, in den älteren Ordensfrauen, die weiter lächeln“[84]. Heiligkeit ist für den Papst der Weg des Christseins im 21. Jahrhundert.

---

83 Papst Franziskus, Gaudete et exultate, Apostolisches Schreiben über den Ruf zur Heiligkeit in der Welt (2018), Nr. 7.

84 Ebd.

Heiligkeit – „auch etwas für dich!"[85] So direkt spricht der Papst seine Leserinnen und Leser und damit auch uns alle an. Und er macht uns Mut: Denn das Streben nach Heiligkeit ist keine fromme Übung für Überchristen. Perfektion, Vollkommenheit, Sündenlosigkeit – all das sind Worte, die wir üblicherweise mit Heiligkeit in Verbindung bringen. Der Papst wirft diese Eigenschaften keineswegs über Bord, er betont nur eines: Heiligkeit ist eine Haltung des Alltags. Und diese Heiligkeit des kleinen Mannes, der kleinen Frau bewährt sich und reift in vielen kleinen Handlungen: „Diese Heiligkeit, zu der dich der Herr ruft, wächst und wächst durch kleine Gesten."[86]

Keine Heldentaten werden verlangt (Heldentum und Heiligkeit haben ohnehin nichts miteinander zu tun!), sondern ein Weg der kleinen Schritte. Und davon ausgehend können wir alle uns die Frage stellen: Wo kann es in meinem Leben solche kleinen Gesten geben? Gesten, die dem anderen ein Lächeln auf die Lippen zaubern? Gesten, die Gerechtigkeit aufleben lassen? Gesten, die zu Aussöhnung beitragen und Verwundetes verbinden?

Dazu der Papst: „Wir sind alle berufen, heilig zu sein, indem wir in der Liebe leben und im täglichen Tun unser persönliches Zeugnis ablegen, jeder an dem Platz, an dem er sich befindet. Bist du ein Gottgeweihter oder eine Gottgeweihte? Sei heilig, indem du deine Hingabe freudig lebst. Bist du verheiratet? Sei heilig, indem du deinen Mann oder deine Frau liebst und umsorgst, wie Christus es mit der Kirche ge-

---

85   A. a. O., Nr. 14.

86   A. a. O., Nr. 16.

tan hat. Bist du ein Arbeiter? Sei heilig, indem du deine Arbeit im Dienst an den Brüdern und Schwestern mit Redlichkeit und Sachverstand verrichtest. Bist du Vater oder Mutter, Großvater oder Großmutter? Sei heilig, indem du den Kindern geduldig beibringst, Jesus zu folgen. Hast du eine Verantwortungsposition inne? Sei heilig, indem du für das Gemeinwohl kämpfst und auf deine persönlichen Interessen verzichtest."[87] Heiligkeit ist nicht das Vorrecht einiger weniger, sondern ein Aufruf an uns alle: aus der Verbundenheit und der Freundschaft mit Jesus Schritt für Schritt und Tag für Tag in der Liebe zu wachsen.

Barmherzigkeit und Seligpreisungen

Das Herzstück der Gedanken des Papstes ist eine Meditation über die Seligpreisungen. Sie sind der „Personalausweis des Christen"[88], ja sie sind so etwas wie der Königsweg zur Heiligkeit. Denn in ihnen sind die wichtigsten Punkte angesprochen, die christliches Leben auszeichnen:

- Arm und bescheiden zu leben in einer Welt, in der Besitz Macht und Sicherheit bedeutet.
- Sanftmütig zu sein in einer Welt, in der sich der Stärkere immer durchsetzt.
- Mit anderen trauern zu können in einer Welt, die nicht trauern will und den seelischen Schmerz anderer nicht wahrnehmen kann.
- Nach Gerechtigkeit zu streben in einer Welt der globalen Ungerechtigkeiten.

---

87   A. a. O., Nr. 14.

88   A. a. O., Nr. 63.

- Barmherzig zu sein in einer Welt, die empfindungslos an den Nöten der Einsamen, Kranken, Ausgenutzten, Geflüchteten unserer Gesellschaft vorbeigeht.
- Ein reines Herz zu haben in einer Welt, in der Ehrlichkeit, Aufrichtigkeit und Liebe als Nebensächlichkeiten abgetan und zugedeckt werden.
- Frieden zu stiften in einer Welt, in der Friede ein zerbrechliches Gut geworden ist.
- Um der Gerechtigkeit und Wahrheit willen gegen den Strom zu schwimmen und dadurch Nachteile in Kauf zu nehmen.

Christliches Leben kann und darf keinen Bogen um die Bedürfnisse der Armen, Kranken, Hungrigen, … machen. Wir können deshalb die Seligpreisungen auch verstehen als einen Aufruf zur Selbstprüfung: Sind die Seligpreisungen ein Maßstab, nach dem ich mein Leben ausrichte? Besonders die Haltung der Barmherzigkeit ist dabei zentral. Denn der Ruf zur Heiligkeit kann nicht an der Eigenschaft der Barmherzigkeit vorbei erfolgen. Barmherzigkeit ist das „pulsierende Herz des Evangeliums"[89] und der „Tragebalken, der das Leben der Kirche stützt".[90] Kurz: Barmherzigkeit ist der „Schlüssel zum Himmel"[91] und damit zur Heiligkeit.

Heiligkeit meint ein Leben mit offenen Augen

Eine große Versuchung christlichen Lebens besteht darin, Nächstenliebe und Gebet, Diakonie und Liturgie, Aktion und

---

89 Papst Franziskus, Misericordiae vultus, Verkündigungsbulle zum Heiligen Jahr der Barmherzigkeit (2015), Nr. 12.

90 A. a. O., Nr. 10.

91 Papst Franziskus, Evangelii gaudium, Nr. 197.

Kontemplation gegeneinander auszuspielen und zu sagen: Das Gebet ist unwichtig; nur das, was ich für andere Menschen tue, zählt. Oder umgekehrt: Soziales Engagement überlasse ich anderen, ich ziehe mich lieber in mein stilles Kämmerlein zurück. Echter, heiliger Glaube hingegen ist auf beides gegründet: Der Einsatz für Bedürftige kann von der Beziehung zu Gott und dem Gebet nicht getrennt werden. Christliches Leben besteht darin, den Weg Jesu an die Ränder der Gesellschaft nachzugehen und *in Verbundenheit mit ihm* dort zu helfen, wo er geholfen hat: bei den Sündern, den Aussätzigen, den Kranken. Der Papst findet dafür eindringliche Worte: Fehlt die Beziehung zu Christus, wird aus der Kirche eine NGO ohne Geist.[92]

Zugleich warnt der Papst auch, in den anderen Straßengraben zu fallen: nämlich sich im Gebet von der Welt abzukapseln und dabei das soziale Engagement zu vernachlässigen: „Es ist nicht gesund, die Stille zu lieben und die Begegnung mit anderen zu meiden, Ruhe zu wünschen und Aktivität abzulehnen, das Gebet zu suchen und den Dienst zu verachten. Alles kann als Teil der eigenen Existenz in dieser Welt akzeptiert und integriert werden und sich in den Weg der Heiligung einfügen. Wir sind aufgerufen, die Kontemplation auch inmitten des Handelns zu leben, und wir heiligen uns in der verantwortlichen und großherzigen Ausübung der eigenen Sendung."[93]

Heiligkeit heißt deshalb gerade nicht, die Augen vor der Realität zu verschließen, sondern mit offenen, wachen Augen durch die Welt zu gehen. Dem Papst ist es ein großes An-

---

92 Vgl. Papst Franziskus, Gaudete et exultate, Nr. 100.

93 A. a. O., Nr. 26.

liegen, diese beiden Pole christlichen Lebens – Gebet und Verantwortung in der Gesellschaft – als gleichwertig miteinander zu vereinen. Heilig wird man, indem man die Beziehung zu Gott verbindet mit einer Lebenshaltung, in der Gerechtigkeit, Verantwortung und Einsatz für Friede lebendig werden. Gebet und Alltag, Gebet und Arbeit sind zwei Seiten derselben Medaille.

Heiligkeit ist eine Anstiftung zur Freude. Es ist bestimmt kein Zufall, dass alle Schreiben von Papst Franziskus das Thema Freude im Titel führen: *Evangelii gaudium* („Die Freude des Evangeliums"); *Laudato si'* („Gelobt seist du"); *Amoris laetitia* („Die Freude der Liebe"); *Gaudete et exsultate* („Freut euch und jubelt"). Christsein im 21. Jahrhundert darf nichts mit Verdruss, Verzagtheit, auch nichts mit Kulturpessimismus zu tun haben. Kennzeichen der Christin/des Christen ist vielmehr die Freude. Christsein bedeutet „Freude im Heiligen Geist" (Röm 14,17). Papst Franziskus nimmt so auch dem Thema Heiligkeit das Schwere und Ernste, das wir damit landläufig verbinden: Der Heilige ist vielmehr fähig, mit „Freude und Sinn für Humor zu leben"[94] und mit einer ansteckenden Freude, die aus dem Evangelium kommt, anderen Menschen zu begegnen.

Was können also unsere Schritte zu einer geerdeten Heiligkeit sein? Wenn ich in Freude kleine Gesten der Hoffnung, der Gerechtigkeit und des Friedens setze; wenn ich mir die Seligpreisungen der Bergpredigt Jesu zu Herzen nehme; und wenn ich mein Leben ausrichte in der Liebe zu Gott und den Menschen.

---

94   A. a. O., Nr. 122.

Der „andere" König
[Christkönigsfest]

Das Fest „Christkönig" am letzten Sonntag des Kirchenjahres wirkt für viele heute wohl ein wenig aus der Zeit gefallen. Sie können mit dem Begriff „König" nichts mehr anfangen. Königtum, Monarchie sind doch von gestern, aus dem Museum. Da denken wir vielleicht an Macht und Reichtum, vielleicht auch an Unterwerfung und Unterdrückung. Was soll denn da ein König wie Jesus, der scheitert, der verraten, verurteilt und hingerichtet wird?

Erst ein Blick über das Kreuz hinaus auf die Auferstehung Jesu öffnet die entscheidend neue Perspektive, die am Horizont den tieferen Sinn erahnen lässt. Denn das „Regierungsprogramm" Jesu sprengt alle üblichen Grenzen von Macht und Ordnung, wie wir sie kennen. Es baut auf die Fundamente der Güte und der Barmherzigkeit.

Ein Märchen des Philosophen und Theologen Sören Kierkegaard kann das illustrieren. Kierkegaard stellt die Frage: Warum ist Jesus ans Kreuz genagelt worden? Könnte Gott den Menschen nicht auch anders erlösen? Und er erzählt das Märchen vom König und der Bettlerin:

Ein König verliebt sich in ein Bettelmädchen und er denkt sich, wenn ich dieses Mädchen jetzt um seine Hand bitte, so wird es zeitlebens das Gefühl haben, ich habe es aus der Armut, aus dem Schmutz herausgezogen in ein neues, schönes Leben. So verkleidet sich der König als Bettler und wirbt um die Hand des Mädchens. Sie verlieben sich, sie heiraten und dann gibt sich der Bettler als König zu erkennen. Sie werden glücklich, weil der König sich auf die Ebene des Mädchens begeben hat.[95]

So ist es auch mit Gott. Er teilt alle unsere Freuden und Sorgen. Er geht alle unsere Wege mit uns – die guten Wege genauso wie die schweren, ja selbst die Kreuzwege, auf denen wir uns verlassen, verurteilt und verloren fühlen.

Wenn man Leute fragt – egal ob Jung oder Alt –, was denn das wichtigste „Lebensmittel" für sie ist, dann bekommt man fast immer zur Antwort: die Zuwendung der Mitmenschen. Zukunftsforscher rechnen damit, dass schon in wenigen Jahren ein Großteil unserer heutigen Arbeitsplätze durch Computer ersetzt wird. Es gibt trotzdem noch einige Berufe, die vor dieser Entwicklung keine Angst zu haben brauchen, wie zum Beispiel Gesundheits- und Krankenpfleger/innen, Pflegerinnen und Pfleger in der Betreuung älterer Menschen oder auch Psychologinnen und Psychologen. Das sind Berufe, die Beziehung und Zärtlichkeit glaubwürdig zum Ausdruck bringen und das Gefühl des Geborgenseins vermitteln.

Wir brauchen das Gefühl, dass wir getragen sind, gerade wenn wir Angst haben, wenn wir verunsichert und bedroht sind. Dann brauchen wir Beziehungen, die uns weiterhelfen und uns in eine gute und hoffnungsvolle Spur unseres Lebens bringen. Die Güte des Herzens, wenn Menschen einander mit Respekt auf Augenhöhe begegnen, ist etwas, das die Welt im Innersten zusammenhält. Das ist ein „anderes" Königtum, das unsere Welt herzlicher macht und sie mit Freude erfüllt.

---

95 Nach Sören Kierkegaard, zitiert in: John Eldredge/Brent Curtis, Ganz leise wirbst du um mein Herz. Wie Gott unsere Sehnsucht stillt, Gießen 2007.

Die ohnmächtige
Macht der Liebe

Am Ende wird alles gut.
Und wenn es nicht gut ist,
ist es noch nicht das Ende.[96]

„Liebt eure Feinde und betet für die, die euch verfolgen" (Mt 5,44). Diese Passage aus der Bergpredigt Jesu zählt zu den herausforderndsten Texten des Neuen Testaments. Feindesliebe – ist das nicht schon ein Widerspruch in sich? Eine moralische Überforderung? Eine Provokation? Und soll das etwa auch für Unglück, Leid und schmerzliche Lebenserfahrungen gelten, wie sie wohl fast jeder Mensch kennt?

Ein erster Sinnhorizont liegt vielleicht darin, uns zu erinnern, dass Gott für uns Menschen immer mehr Frage als Antwort ist. In der Auseinandersetzung mit dem Gott der Bibel gibt es nie einen Endpunkt, nie ein Fertig-Werden, nie ein Genug. Wer sich auf den Gott Jesu Christi einlässt, ist ständig auf dem Weg – in lebendiger Unruhe.

Eine mögliche Erklärung gibt der Apostel Paulus in seinem Brief an die Gemeinde in Korinth. Er möchte sie zu Großzügigkeit ermutigen und schreibt: „Denn ihr wisst, was Jesus Christus, unser Herr, in seiner Liebe getan hat: Er, der reich war, wurde euretwegen arm, um euch durch seine Ar-

---

96   Bonmot des brasilianischen Schriftstellers Fernando Sabino, oft John Lennon oder Oscar Wilde zugeschrieben.

mut reich zu machen"[97] (2 Kor 8,9). Jesus hat seinen Reichtum, nämlich seine Gottheit, nicht gehortet, sondern hat sich für andere arm gemacht.

Feindesliebe ist auch Ausdruck der Armut. Sie bedeutet Verzicht auf Triumph über den anderen; Verzicht darauf, Hassgefühlen in mir Raum zu geben; Verzicht auf die Versuchung, Gewalt – ob verbale oder physische – mit Gegengewalt zu begegnen. Und im Angesicht von Leiderfahrungen: Verzicht auf eigene Wünsche, Träume und Begehren, Verzicht darauf, alles im Griff zu haben. Ohnmacht, Schmerz und Versagen anzunehmen und zuzulassen, ja sogar liebzugewinnen. Denn sie können uns etwas lehren: Die Welt dreht sich nicht um uns. Wir sind nicht der Nabel der Welt. Wir durchschauen nicht alles. So wie es ist, ist es gut. Oder eben alles andere als gut. Denn der Herr „lässt seine Sonne aufgehen über Bösen und Guten und er lässt regnen über Gerechte und Ungerechte" (Mt 5,45). Im Erkennen dieser Armut dürfen wir ganz auf Gott vertrauen, der uns zusichert: „Meine Gnade genügt dir; denn die Kraft wird in der Schwachheit vollendet" (2 Kor 12,9).

Trifft das vielleicht sogar auch auf die Auswirkungen der Corona-Pandemie zu? Neben vielen belastenden und leidvollen Folgen wurden durchaus auch positiv bewertete Nebenwirkungen festgestellt (s. S. 9f). Einige positive Aspekte hat auch der Psychiater Reinhard Haller als Forscher über Narzissmus und Kränkungen entdeckt: „Vielleicht hat das Virus mit dem narzisstischen Namen – Corona heißt Siegeskranz – sogar das Ende der narzisstischen Epoche eingeläutet. In unserer Großartigkeit haben wir Existenzangst und Not nicht mehr ernst genommen, haben Seuchen als alte

---

97   Zitiert nach der Einheitsübersetzung 1980.

Schauergeschichten abgetan, vor lauter Wachstum keine Grenzen mehr gesehen und Vergnügen bis zur Dekadenz ausgelebt. Der Mensch hat sich mit dem ‚Titanic-Syndrom' – wir sind unverwundbar – geschützt und geglaubt, in einer immer kränkeren Welt immer gesund zu bleiben. Die unerwartete Seuche macht bewusst, dass unsere Bäume nicht in den Himmel wachsen. Ein mit dem freien Auge nicht sichtbares Virus hat viel mehr bewirkt als unzählige Politprogramme und Wissenschaftskonzepte, als alle unsere Kommentare und Proteste: Die Smogwolken über Industriezentren haben sich gelichtet, die Kondensstreifen am Himmel sind verschwunden, in den klar gewordenen Kanälen Venedigs schwimmen wieder Fische. Mietkosten explodieren nicht mehr, die Turboglobalisierung wird in Frage gestellt. Selbst der amerikanische Präsident, den Narzissmus wie kein anderer zelebrierend, ist kleinlaut geworden."[98]

Wenn wir im Leid Liebende bleiben oder werden, ja selbst das Leiden vielleicht sogar ein wenig liebgewinnen können und nicht hart und verhärmt werden oder gar aggressiv um uns schlagen, dann hebeln wir mögliche Angriffspunkte des Leids aus ihren Angeln. Ein berührendes Beispiel dafür ist Antoine Leiris, dessen Frau Hélène im November 2015 Opfer eines Terroranschlags in Paris wurde. In einem Brief an die Attentäter schreibt er: „Ihr habt das Leben eines außerordentlichen Wesens geraubt, das der Liebe meines Lebens, der Mutter meines Sohnes. Aber meinen Hass bekommt ihr nicht! [...] Ich werde euch nicht das Geschenk machen, euch zu hassen!"[99]

---

98 Reinhard Haller, Das antinarzisstische Virus, in: Vorarlberger Nachrichten, 2. April 2020, S. B2.

99 Antoine Leiris, Meinen Hass bekommt ihr nicht, Paris 2016.

Wenn es mir in der Situation des Leids gelingt oder geschenkt ist, mich als von Gott erst recht getragen und geliebt zu wissen, dann kann mir der Schmerz letztlich nichts anhaben. Die Erzählung „Spuren im Sand" (s. S. 61f) meditiert diese Sichtweise. Gerade auch im tiefsten Leid dürfen wir uns von Gottes Liebe getragen wissen.

Nächstenliebe macht vor dem Feind und vor dem Feindlichen nicht halt. Eine solche Liebe ist mächtig und ohnmächtig zugleich. Wer dem Prinzip der Feindesliebe folgt, wird zwar leicht zum Opfer menschlicher Bosheit und macht sich mitunter zum Gespött – und doch hat sie eine bezwingende Kraft, die Herzen zu verwandeln und Mauern einzureißen. Irgendwie hat das Gebot der Feindesliebe damit zu tun, einen – paradiesischen – Urzustand wiederherzustellen. Denn vor aller menschlichen Ent-zweiung und vor aller Dualität von Gut und Böse standen Einheit und Gemeinschaft.

Ich bin mir nicht sicher, ob das Gebot der Feindesliebe eine allgemeingültige Norm ist. Jesus ist kein Prinzipienreiter. Jede und jeder von uns weiß, wie schwierig es ist, über einen Feind ein gutes Wort zu verlieren oder einem Unglück etwas Positives abzugewinnen. Aber eines gilt gewiss: Wir alle sind Stellvertreterinnen und Stellvertreter der Liebe Jesu. Deshalb ist es gut, wenn Jesu Worte manchmal irritieren. Sie rücken Haltungen zurecht und ermöglichen Alternativen dort, wo bislang der Automatismus von Gewalt und Gegengewalt geherrscht hat oder wo nur eine Sichtweise gelten durfte, die etwas entweder als gut oder schlecht, als willkommen oder fremd und bedrohlich bewertet hat.

Zehn Wegweiser für einen Weg der Zuversicht

Die Haltung der Zuversicht ist ein Ziel und gleichzeitig ein Weg. Zusammenfassend möchte ich darum noch ein paar nützliche Hinweisschilder für einen Weg der Zuversicht aufstellen, die man wie eine Checkliste als Grundorientierungen für seinen Lebensweg hernehmen kann:

1_Versuche zu verstehen. Das Gespräch und die Reflexion mit vertrauten Menschen oder auch mit geschulten Fachleuten über Erlebnisse, die mich bedrücken, können helfen, eine Erfahrung zu ordnen. Sie helfen mir auch, den Sinn und das Wozu – einer Begegnung, eines Problems, einer Krise, einer schönen Erfahrung – zu verstehen und quasi als Ernte in die Lebensscheune einzubringen.

2_Akzeptiere das Leben. Es hat viele Facetten: Schönes und Angenehmes, aber auch Schweres, ja Unerträgliches. Darüber zu lamentieren und zu klagen hilft nicht weiter. Suche einfach deine momentanen Möglichkeiten und Chancen in einer Situation, auch wenn sie noch so klein erscheinen mögen. Ein bekanntes Gebet lautet: *Gott, gib mir die Gelassenheit, Dinge hinzunehmen, die ich nicht ändern kann, den Mut, Dinge zu ändern, die ich ändern kann, und die Weisheit, das eine vom anderen zu unterscheiden.*

3_Pflege deine Beziehungen. Die geistige Verbundenheit mit Menschen ist wie der Atem für unser Leben. Beziehungen gedeihen, indem wir Zuwendung, Zärtlichkeit und Zeit schenken, wenn wir Freuden und Sorgen teilen, wenn wir tragen und uns tragen lassen. Die richtige Balance von vertrauter Nähe und respektvoller Distanz schenkt Geborgenheit und Freiheit.

4_Folge deinem Herzen, deinem Sinnorgan, deinem Gewissen. Im Innersten haben wir die Fähigkeit, immer wieder Sinnmomente im Leben zu entdecken: bei Erlebnissen, die uns Freude machen, wenn wir schöpferisch tätig sind, für andere da sind, uns engagieren für das Gute und das Schöne in der Welt. Lebe deine Berufung.

5_Achte auf deine Energie. Wenn uns Stürme des Lebens beuteln, sind wir auf unsere Energie und Kraft erst recht angewiesen. Bewegung, Wandern, Sport, gesunde Ernährung, ausreichend Schlaf sind Kraftwerke und Kraftquellen von Energie. Die Natur ist wie ein begehbares Medikament.

6_Schenke Wertschätzung. Sie ist das Fundament eines zuversichtlichen Lebens. Wertschätzung ist ein kostbares Geschenk, das ich nicht kaufen oder durch Anstrengung erreichen kann. Indem ich es selbst verschenke, entsteht ein Klima der Anerkennung, des Respektes und der Verbundenheit, das auch mir selbst wieder zugutekommt.

7_Schau auf das Gute, das Gesunde, Schöne und Kraftvolle. Das kann die Selbstheilungskräfte des Geistes beleben. Und nütze deine Freiheit, deinen Spielraum, und mag er noch so klein erscheinen. Hier liegt die Kraft der inneren Freiheit, in jeder Situation noch etwas gestalten zu können. Denn „es ist besser, ein Licht anzuzünden, als über die Dunkelheit zu jammern", wie ein chinesisches Sprichwort sagt.

8_Vertraue auf Gott, vertraue dem Leben. Die Erfahrung vieler Menschen zeigt, dass das Vertrauen auf Gott, auf eine höhere Macht, die unser bestes Gedeihen will, viel an Zuversicht, Mut und Kraft gibt. Diese innere Verbindung mit Gott als unserem tragenden Ursprung, liebenden Lebensbegleiter und inspirierenden Geist ist auch eine tiefe Quelle von Freude. „Bleibt in mir und ich bleibe in euch" (Joh 15,4), verspricht Jesus. Seine Auferstehung ist letzte Zuversicht: Das Leben ist immer stärker.

9_Höre auf Gottes Wort in den Erfahrungen der heiligen Schriften. Da begegnen wir Gaunern und Heiligen, so wie überall im Leben, wir finden Geschichten von Scheitern und Rettung von Menschen in den aussichtslosesten Lebenslagen. Ein Erfahrungsschatz an tiefer Lebensweisheit über viele Generationen ist hier destilliert, der uns hilft zu leben. Gottes Wort hat Wirkkraft (vgl. Jes 55,11).

10_Erlebe das Kirchenjahr. Leben heißt, unterwegs sein, offen sein auch für Unterbrechungen, für Unerwartetes, für Neuanfang. Das Kirchenjahr berührt alle Dimensionen der menschlichen Existenz und bietet Lösungen und Perspektiven an. Das bewusste Miterleben eines spirituellen Jahres ist wie eine heilsame Wanderung durch die Zeit.

Und als Reserve oder auch als Joker ein letztes Hinweisschild, das auf allen diesen Wegen sehr wirksam eingesetzt werden kann:

Pflege Gelassenheit und Humor. Gelassenheit meint die Fähigkeit, auch etwas lassen und sein lassen zu können, weil ich weiß, dass mir vieles im Leben geschenkt ist und zufällt. Und das führt auch zu Humor. Humor und Freude sichern die notwendige Distanz und innere Freiheit zu den Wechselbädern des Lebens und führen aus manchen Sackgassen. Humor ist beste Medizin.

Bildlegenden

Wir danken den Autoren bzw. Verlagen für die freundliche Genehmigung zum Abdruck:

- Einheitsübersetzung der Heiligen Schrift, vollständig durchgesehene und überarbeitete Ausgabe, © 2016 Katholische Bibelanstalt GmbH, Stuttgart. Alle Rechte vorbehalten.
- S. 53f: Petrus Ceelen, Augen, die geweint haben, sehen klarer. Erfahrungen im Umgang mit Leid, © Edition Communio, bei Echter Verlag, Würzburg
- S. 64: Hilde Domin, Es gibt dich, in: dies., Sämtliche Gedichte, hg. von Nikola Herwig und Melanie Reinhold, mit einem Nachwort von Ruth Klüger, © S. Fischer Verlag GmbH, Frankfurt am Main, 8. Auflage 2009
- S. 80f: Paul Ringseisen, In das Lichtvolle dieses Tages, in: ders., Abendlob, © 2009 Carus-Verlag, Stuttgart
- S. 102f: Huub Oosterhuis, Psalmen, © 2014 Verlag Herder GmbH, Freiburg i. Br.

Leider war es uns nicht in allen Fällen möglich, die Rechteinhaber zu ermitteln. Wir bitten um Hinweise an den Verlag. Allfällige Ansprüche werden gerne nachträglich abgegolten.

Der Autor

Benno Elbs, geb. 1960, studierte Theologie in Innsbruck und Paris und ist ausgebildeter Psychotherapeut (Logotherapie). 1986 wurde er zum Priester geweiht, von 1994 bis 2004 war er Pastoralamtsleiter, danach als Generalvikar und Diözesanadministrator tätig, bevor er 2013 zum Bischof der Diözese Feldkirch geweiht wurde. In der Österreichischen Bischofskonferenz ist er für die Caritas zuständig. Elbs ist Autor mehrerer Bücher, in denen er das Kirchenverständnis Papst Franziskus' reflektiert, einen neuen Blick auf Ehe und Familie auf dem Hintergrund der Synode von 2015 wirft, spirituelle Impulse in einem Jahreslesebuch gibt und in einem Firmbuch den Fragen und Sehnsüchten junger Menschen nachspürt.